“十四五”职业教育新形态教材

公路工程造价软件应用

APPLICATION OF HIGHWAY ENGINEERING COST SOFTWARE

主　编　李南西
副主编　程学志
主　审　肖　颜

中南大學出版社
www.csupress.com.cn
·长 沙·

内容简介

本书内容分为同望工程造价管理软件应用、纵横公路工程造价管理软件应用、技能操作与提高三个模块，总共18个任务、39个项目。本书以项目为载体，将项目的实际情况与软件的功能相结合，借助软件完成造价文件的新建、造价书的编制、费用的调整等内容，进一步提高学生的造价文件编制能力。

本书的三个模块中，同望工程造价管理软件应用模块主要介绍了同望软件生成造价文件的流程及软件的基本操作；纵横公路工程造价管理软件应用模块主要介绍了纵横软件生成造价文件的流程及软件的基本操作；技能操作与提高模块主要介绍了如何将图纸上的项目工程量转化为清单预算文件，以及如何运用软件录入造价文件。

本书基于“以任务为导向，以学生为中心，理论联系实际”的编写理念，将学习内容与企业造价从业人员工作岗位要求相结合，注重职业能力、实践操作能力的培养，不仅适用于初学者学习软件编制造价文件的操作技巧及编制方法，也适用于企业人士提高造价编制能力，为其在运用软件编制造价文件方面提供参考。本书可供高职道路工程造价专业、工程造价(公路方向)专业、道路与桥梁工程技术专业及其相关专业作为教材使用，也可作为工程技术人员的岗位培训教材和参考资料使用。

出版说明 INSTRUCTIONS

为了深入贯彻党的二十大精神和全国教育大会精神，落实《国家职业教育改革实施方案》（国发〔2019〕4号）和《职业院校教材管理办法》（教材〔2019〕3号）有关要求，深化职业教育“三教”改革，全面推进高等职业院校土建类专业教育教学改革，促进高端技术技能型人才的培养，依据教育部高职高专教育土建类专业教学指导委员会《高职高专土建类专业教学基本要求》和国家教学标准及职业标准要求，通过充分的调研，在总结吸收国内优秀高职高专教材建设经验的基础上，我们组织编写和出版了这套高职高专土建类专业新形态教材。

高职高专教学改革不断深入，土建行业工程技术日新月异，相应国家标准、规范，行业、企业标准、规范不断更新，作为课程内容载体的教材也必然要顺应教学改革和新形势，适应行业的发展变化。教材建设应该按照最新的职业教育教学改革理念构建教材体系，探索新的编写思路，编写出版一套全新的、高等职业院校普遍认同的、能引导土建专业教学改革的系列教材。为此，我们成立了教材编审委员会。教材编审委员会由全国30多所高职院校的权威教授、专家、院长、教学负责人、专业带头人及企业专家组成。编审委员会通过推荐、遴选，聘请了一批学术水平高、教学经验丰富、工程实践能力强的骨干教师及企业专家组成编写队伍。

本套教材具有以下特色：

1. 教材遵循《“十四五”职业教育规划教材建设实施方案》的要求，以习近平新时代中国特色社会主义思想为指导，注重立德树人，在教材中有机融入中国优秀传统文化、“四个自信”、爱国主义、法治意识、工匠精神、职业素养等思政元素。

2. 教材依据教育部高职高专教育土建类专业教学指导委员会《高职高专土建类专业教学基本要求》及国家教学标准和职业标准（规范）编写，体现科学性、综合性、实践性、时效性等特点。

3. 体现“三教”改革精神，适应高职高专教学改革的要求，以职业能力为主线，采用行动导向、任务驱动、项目载体，教、学、做一体化模式编写，按实际岗位所需的知识能力来选取教材内容，实现教材与工程实际的零距离“无缝对接”。

4. 体现先进性特点，将土建学科发展的新成果、新技术、新工艺、新材料、新知识纳入教材，结合最新国家标准、行业标准、规范编写。

5. 产教融合，校企双元开发，教材内容与工程实际紧密联系。教材案例选择符合或接近真实工程实际，有利于培养学生的工程实践能力。

6. 以社会需求为基本依据，以就业为导向，有机融入“1+X”证书内容，融入建筑企业岗位(八大员)职业资格考试、国家职业技能鉴定标准的相关内容，实现学历教育与职业资格认证的衔接。

7. 教材体系立体化。为了方便教师教学和学生学习，本套教材建立了多媒体教学电子课件、电子图集、教学指导、教学大纲、案例素材等教学资源支持服务平台；部分教材采用了“互联网+”的形式出版，读者扫描书中的二维码，即可阅读丰富的工程图片、演示动画、操作视频、工程案例、拓展知识等。

高职高专土建类专业新形态教材

编 审 委 员 会

前言 PREFACE

本书以项目作为载体，以《公路工程建设项目概算预算编制办法》(JTG 3830—2018)、《公路工程标准施工招标文件(2018年版·第三册)》及最新的行业标准作为依据，围绕市面上常用的两款软件——同望工程造价管理软件、纵横公路工程造价管理软件来组织编写。

本书基于“以任务为导向，以学生为中心，理论联系实际”的编写理念，将学习内容与企业造价从业人员工作岗位要求相结合，注重职业能力、实践操作能力的培养，具有以下特点：

(1)任务驱动：本书有18个任务、39个项目，让学习者通过软件的实操掌握造价软件的操作技巧，熟悉造价文件编制内容，全面掌握造价软件应用技能。

(2)适用面广：本书的同望工程造价管理软件应用模块、纵横公路工程造价管理软件应用模块，以及技能操作与提高模块可满足不同学习者的学习需求，可为学习者在运用软件编制造价文件方面提供参考。

(3)内容全面：本书从学习者的视野出发，对同望工程造价管理软件、纵横公路工程造价管理软件的操作技巧进行了全面的编写，方便学习者提高巩固自身的软件编制能力。

本书由湖南交通职业技术学院李南西任主编，由河北通华公路材料有限公司程学志任副主编，湖南交通职业技术学院肖颜主审。编写分工情况如下：概述由湖南交通职业技术学院李利君、尚杨明珠、彭丹编写，模块一由湖南交通职业技术学院李南西、长沙同望信息科技有限公司王灿编写，模块二由湖南交通职业技术学院艾冰、纵横创新软件有限公司祝志斌编写，模块三由湖南交通职业技术学院李南西、中国电建集团中南勘测设计研究院有限公司闵洁编写；全书由湖南交通职业技术学院李南西统稿。

本书编写过程中，参阅了国内同行多部教材和行业规范及资料，得到了长沙同望信息科技有限公司、纵横创新软件有限公司等单位的技术支持。由于编者水平有限，编写时间匆忙，书中难免有错误和不足之处，恳请读者批评指正。

编者

2023年8月

目 录 CONTENTS

概述　公路工程造价软件简介

工程造价软件是在手工编制造价文件的基础上产生的。随着时代的发展，工程建设的需求的提高，现今的工程造价软件不仅仅是用于造价文件的编制，更是开发出各项功能，使软件更加信息化与多样化。仅就造价文件编制这一块来说，工程造价软件可用于设计、施工、建设、管理、审计、审核、监理、咨询等工程造价领域，且支持各专业造价文件的编制，如公路、市政、房屋建筑、园林绿化等，也支持工程基本建设程序的各阶段造价文件的编制，如投资估算、设计概算、施工图预算、招标控制价、清单报价及结算等，适用对象涵盖政府行政机关、行业主管部门、项目投资业主、设计、监理、施工、造价咨询、招标代理，以及有使用要求的学校及个人等。

工程造价软件常用的品牌有很多，各省区市各专业所使用的工程造价软件也有所区别，湖南地区较为常用的公路工程造价软件主要有同望工程造价管理软件、纵横公路工程造价管理软件、中交京纬·云造价软件等。公路工程造价软件的出现，让造价人员在工作中更专业、更高效、更轻松。

运用软件编制的工程造价文件是以手工编制造价文件的原理为基础，其围绕造价文件的三大核心要素(工程数量、工料机单价、费率)在软件各个界面展开编制。

运用软件编制工程造价文件，首先需在软件的项目管理界面建立工程项目信息，然后在取费程序/费率界面根据项目所在地结合概预算编制办法设定项目费率，再在造价书界面将各工程任务以项目表的形式建立好，根据工程的施工工艺结合现场实际情况套取相应定额计算工程费用，最后在工料机界面调整或计算项目有关工料机的预算单价，通过软件后台运算，完成造价文件的编制(图 0-1)。

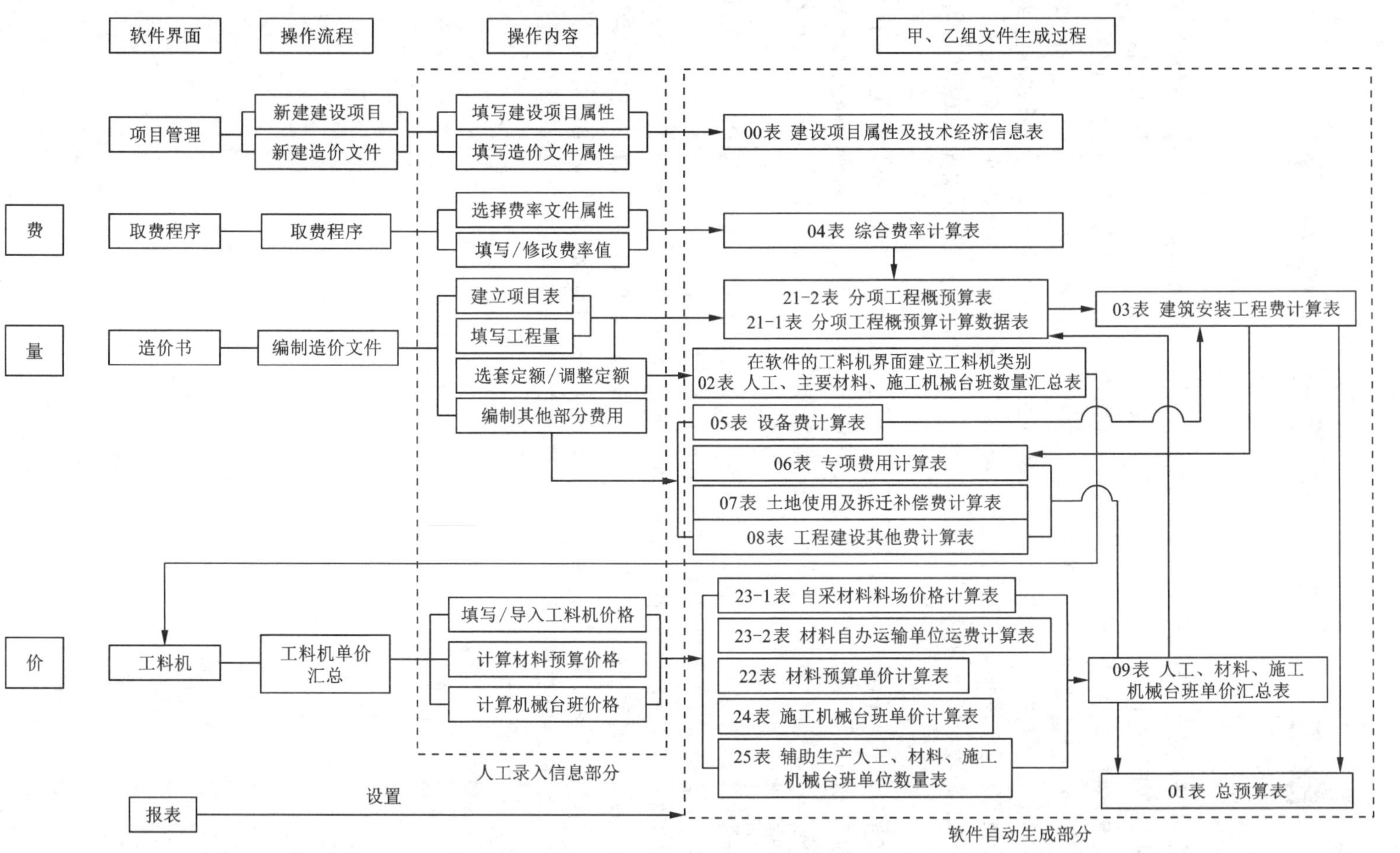

图0-1 造价软件生成甲、乙组文件数据引用原理图

思政课堂

思政元素：爱岗敬业

一个人赖以生存和发展的基础保障是他的职业和工作岗位。爱岗敬业是每一位职业人必备的品德操守，每一个行业的蓬勃发展都离不开每一名爱岗敬业的职业人。爱岗和敬业，互为前提，相互支持，相辅相成。爱岗是敬业的基石，敬业是爱岗的升华。只有爱岗敬业的人，才会在自己的工作岗位上兢兢业业、勤勤恳恳、不断钻研、精益求精，才能带动行业的发展，才有可能为社会、国家做出崇高而伟大的奉献。

案例描述：徐大图是我国造价学科的里程碑式人物。1947 年徐大图生于南京，1982 年 10 月进入天津大学工作。1986 年初“两会”期间，徐大图先生被国家计委电召至北京，与香港测量师学会创会会长简福饴先生讨论在中国高校中开办 QS(工料测量)专业的可行性。内地各大高校设立“工程测量”专业并和国际接轨在当时可以说是势在必行的事情，但其专业名称受到了限制，既不能叫“工料测量”，也不能叫“工程概预算”(为中专开办)，而“工程造价”的名称尚未为人接受，因此徐大图先生将专业命名为技术经济。1997 年徐大图先生在天津大学开始主导技术经济与系统工程系的建设与发展，在成立大会上他承诺把技术经济与系统工程系办成全国一流的学科。徐大图先生有三板斧，第一板斧是办好全国定额站站长班，第二板斧是在国家计委支持下开办基本建设管理(工程造价)干部班，第三板斧是在天津大学成人教育学院支持下在全国开办工程造价专业函授大专教育。在那个年代，造价行业没有统一的规范流程，徐大图教授出版的《建设工程造价管理》等诸多著作为造价行业奠定了基本框架结构，确定了基本发展模式，也协助了我国工程造价师执业制度的建立。徐大图先生一生都在为造价行业的发展、为祖国的建设劳心劳力，最终晕倒在会议桌上一病不起。1998 年，被病魔缠身一年的他溘然离世。徐大图先生作为我国造价学科的缔造者，值得我们每一位造价人致敬。

思考题：一个新兴行业的崛起发展离不开先辈的前进探索。在面对困难时，我们应如何发挥自己爱岗敬业的精神才能共筑行业的基石，推动社会的发展？

模块一　同望工程造价管理软件（V10以上版本）应用

公路工程项目文件的造价费用与费率、工料机、套取定额等都有直接关系，因此，使用同望工程造价管理软件编制造价文件可以遵循以下流程。

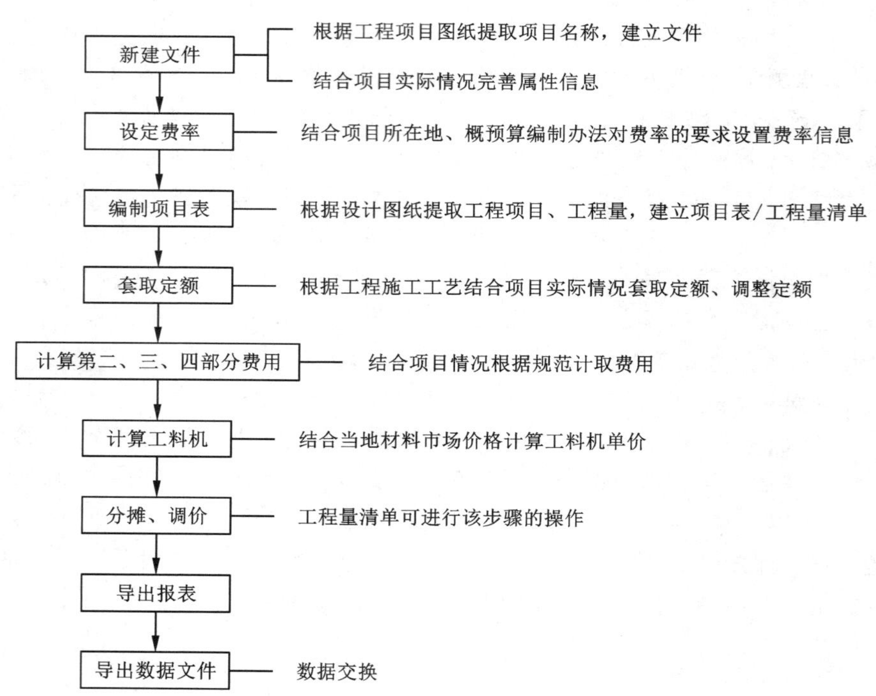

任务1　各操作界面简介

【任务要求】

了解、熟悉同望工程造价管理软件各操作界面。

1. 项目管理界面

项目管理界面是打开软件后的初始界面，包括项目管理窗口和属性窗口(图1-1)。若需切换到其他界面，可点击导航栏的按钮。

作用：项目管理界面可对各个项目的造价编制文件进行管理，如新建、删除、导入、导出，查看和编辑项目的费用、属性、报表等信息。

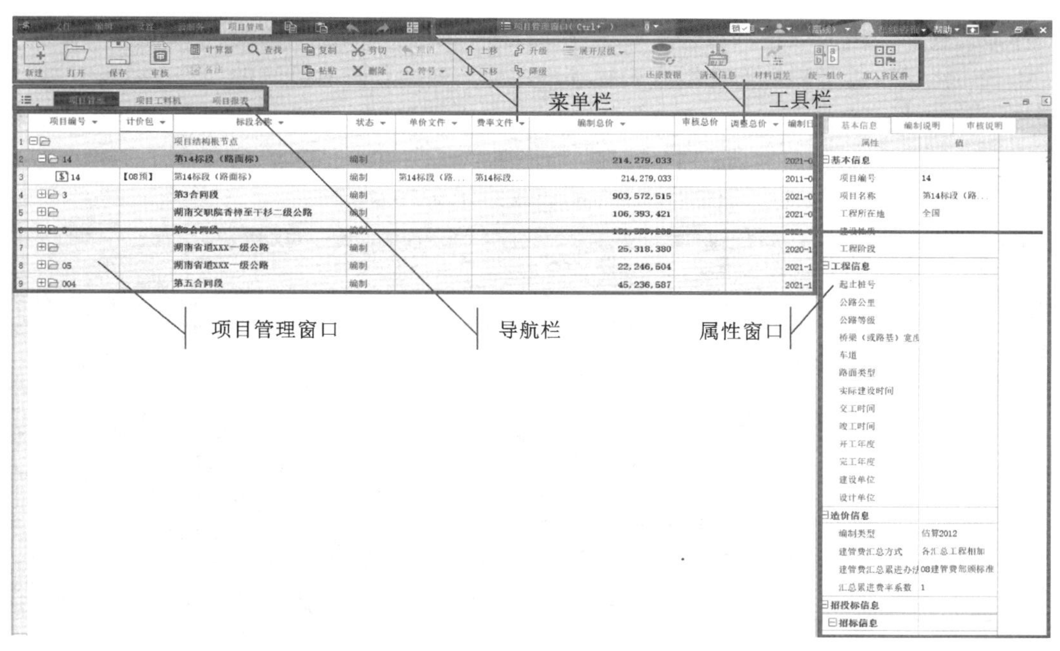

图1-1　项目管理界面

2. 项目工料机界面

作用：查看各工程项目的工料机相关信息。

操作：在项目管理界面选择需查看工料机的工程项目，点击导航栏的“项目工料机”按钮，可切换至项目工料机界面(图1-2)查看该项目的工料机。点击鼠标右键可调出工具栏进行界面相应操作。

点击“项目工料机”按钮切换至项目工料机界面

项目管理 | 项目工料机 | 项目报表

专业：全部 类别：全部 编号： 名称： 价格： 查询 消除 在结果中复查

	分类信息				基础信息								单价		合价		
	导出	检查	专业	分类	编号	名称	规格	单位	总数量	数量	辅助及其他	原价	定额价	预算价	定额价	预算价	价
1			08部颁预算计价依据	人工	1	人工		工日	143919.71	84354.64	59565.07	0.00	48.20	57.59	4150248.09	4857983.49	
2			08部颁预算计价依据	人工	2	机械工		工日	13723.47	13723.47	0.00	0.00	49.20	57.59	675194.58	790334.48	
3			08部颁预算计价依据	材料	0	玄武岩		m3	23982.93	23982.93	0.00	0.00	280.00	400.00	6715221.24	9593173.20	
4			08部颁预算计价依据	材料	102	锯材木中板 § =19～35		m3	14.05	14.05	0.00	0.00	1350.00	1320.00	18963.45	18542.04	
5			08部颁预算计价依据	材料	111111	同步碎石撒布车		台班	27.16	27.16	0.00	0.00	0.00	21250.00	0.00	577128.75	2
6			08部颁预算计价依据	材料	1111	防水土工布		m2	75319.24	75319.24	0.00	0.00	9.71	6.50	731349.86	489575.09	
7			08部颁预算计价依据	材料	1112	透水土工布		m2	29109.07	29109.07	0.00	0.00	9.71	6.50	282649.11	189208.98	
8			08部颁预算计价依据	材料	111	光圆钢筋直径10～14mm		t	65.13	65.13	0.00	0.00	3300.00	4872.85	214942.20	317388.21	
9			08部颁预算计价依据	材料	112	带肋钢筋直径15～24mm...		t	287.06	287.06	0.00	0.00	3400.00	5054.71	975997.20	1450994.94	
10			08部颁预算计价依据	材料	182	型钢		t	3.11	3.11	0.00	0.00	3700.00	5131.26	11488.50	15932.56	
11			08部颁预算计价依据	材料	183	钢板		t	0.14	0.14	0.00	0.00	4450.00	5036.56	614.10	695.05	
12			08部颁预算计价依据	材料	231	电焊条		kg	111.14	111.14	0.00	0.00	4.90	8.71	544.60	968.06	
13			08部颁预算计价依据	材料	271	钢模板		t	1.35	1.35	0.00	0.00	5970.00	5955.42	8065.47	8045.77	
14			08部颁预算计价依据	材料	272	组合钢模板		t	4.24	4.24	0.00	0.00	5710.00	5955.42	24233.24	25274.80	
15			08部颁预算计价依据	材料	41118001	M5水泥砂浆	M5	m3	69.09	69.09	0.00	0.00	0.00	0.00	0.00	0.00	
16			08部颁预算计价依据	材料	41118002	M7.5水泥砂浆	M7.5	m3	458.46	458.46	0.00	0.00	0.00	0.00	0.00	0.00	
17			08部颁预算计价依据	材料	41118003	M10水泥砂浆	M10	m3	1329.28	1329.28	0.00	0.00	0.00	0.00	0.00	0.00	
18			08部颁预算计价依据	材料	41119004	C25普通混凝土32.5级...	普C25-32.5-2	m3	1659.34	1659.34	0.00	0.00	0.00	0.00	0.00	0.00	
19			08部颁预算计价依据	材料	41119006	C30普通混凝土42.5级...	普C30-42.5-2	m3	305.93	305.93	0.00	0.00	0.00	0.00	0.00	0.00	
20			08部颁预算计价依据	材料	41119018	C10普通混凝土32.5级...	普C10-32.5-4	m3	734.40	734.40	0.00	0.00	0.00	0.00	0.00	0.00	
21			08部颁预算计价依据	材料	41119019	C15普通混凝土32.5级...	普C15-32.5-4	m3	431.36	431.36	0.00	0.00	0.00	0.00	0.00	0.00	
22			08部颁预算计价依据	材料	41119020	C20普通混凝土32.5级...	普C20-32.5-4	m3	272.70	272.70	0.00	0.00	0.00	0.00	0.00	0.00	
23			08部颁预算计价依据	材料	41119021	C25普通混凝土32.5级...	普C25-32.5-4	m3	10529.19	10529.19	0.00	0.00	0.00	0.00	0.00	0.00	

图 1–2　项目工料机界面

3. 项目报表界面

作用：查看各工程项目的报表。

操作：在项目管理界面选择需查看报表的工程项目，点击导航栏的“项目报表”按钮，可切换至项目报表界面（图 1–3）查看该项目的报表。点击鼠标右键可调出工具栏进行界面相应操作。

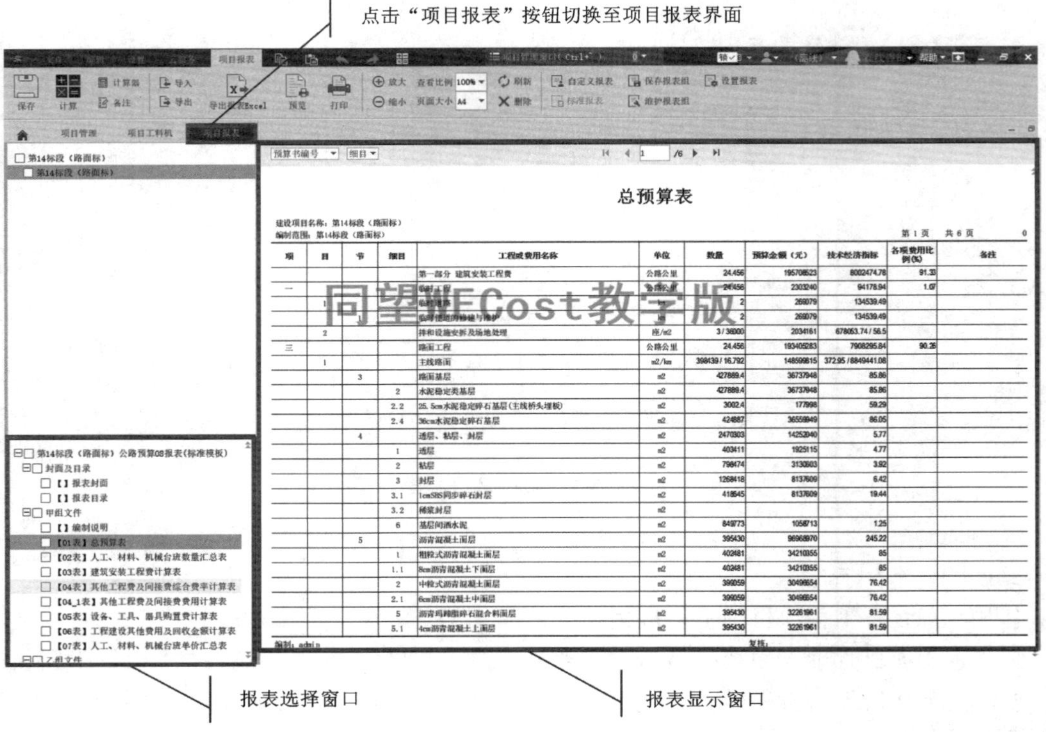

图 1–3　项目报表界面

4. 预算书界面

作用：查看或进行造价文件的编制。

操作：在项目管理界面，鼠标双击需打开的工程项目，软件自动切换至预算书界面(图 1-4)。

图 1-4　预算书界面

5. 工程信息界面

作用：查看或修改工程信息(操作新建步骤时所填写的项目属性信息)。

操作：在预算书界面，鼠标单击导航栏的“工程信息”按钮，切换至工程信息界面(图 1-5)。

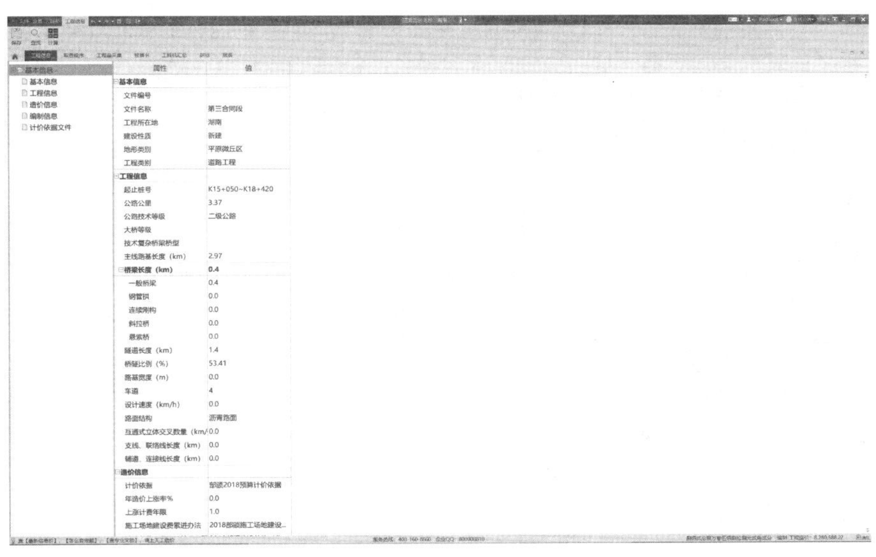

图 1-5　工程信息界面

6. 取费程序界面

作用：进行项目费率数据的设定。

操作：鼠标单击导航栏的“取费程序”按钮，切换至取费程序界面(图 1-6)。

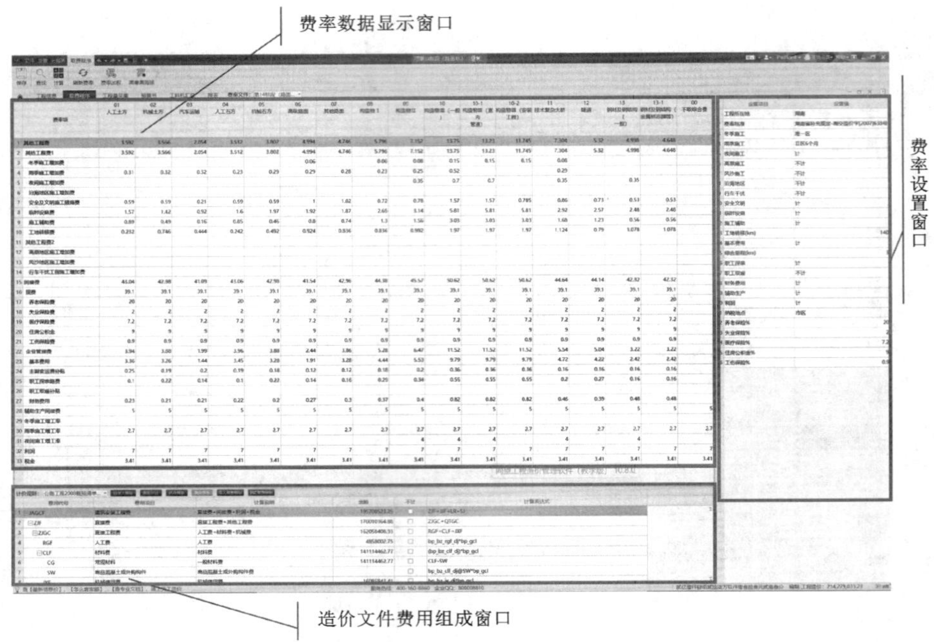

图 1-6　取费程序界面

7. 工程量采集界面

作用：在此界面可进行工程量数据来源的编制或查看已经编辑好的工程量数据。

操作：鼠标单击导航栏的“工程量采集”按钮图标，切换至工程量采集界面(图 1-7)。

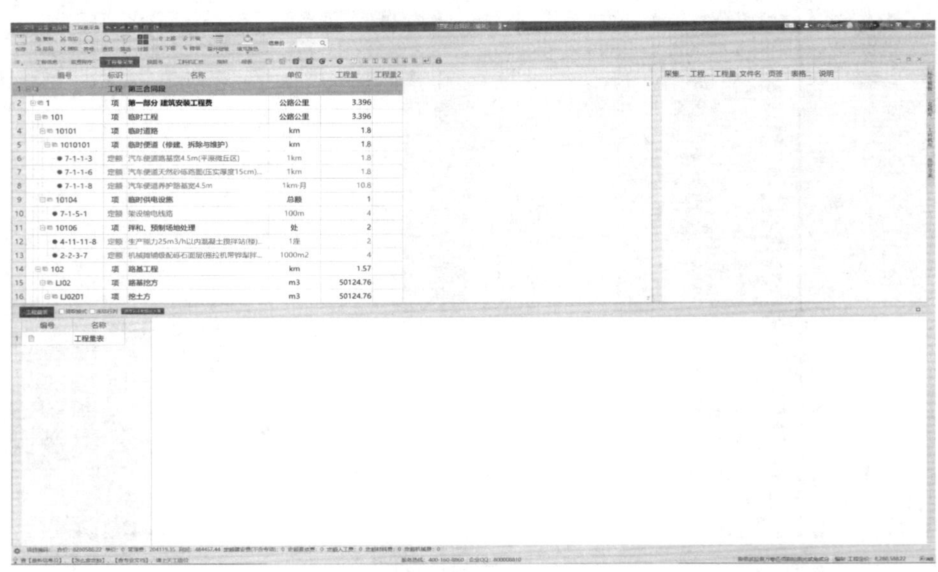

图 1-7　工程量采集界面

8. 工料机汇总界面

作用：对造价文件进行工料机的相关操作。

操作：鼠标单击导航栏的“工料机汇总”按钮，切换至工料机汇总界面(图 1-8)。

	标识	编号	名称	规格	单位	总数量	数量	辅助及其他	定额价(单价)	预算价(单价)	定额价(合价)	预算价(合价)
1		1001001	人工		工日	3276.957	3197.707	79.25	106.28	103.86	339852.3	332113.85
2		1051001	机械工		工日	1380.665	1375.161	5.504	106.28	103.86	146152.11	142824.22
3		1501002	M7.5水泥砂浆	M7.5水泥砂浆	m3	66.456	66.456					
4		1503033	C25普通混凝土32.5级水泥4cm...	普C25-32.5-4	m3	62.31	62.31					
5		1503101	C25水下混凝土32.5级水泥4cm...	水C25-32.5-4	m3	342.297	342.297					
6		1505005	粗粒式石油沥青混凝土		m3	1457.274	1457.274					
7		1505009	中粒式改性沥青混凝土		m3	1040.91	1040.91					
8		1505010	细粒式改性沥青混凝土		m3	832.728	832.728					
9		1507004	稳定土混合料(水泥:碎石5:95)		m3	8916.028	8916.028					
10		2001001	HPB300钢筋		t	23.084	23.084		3333.33	3333.33	76946.59	76946.59
11		2001002	HRB400钢筋		t	20.237	20.237		3247.86	3247.86	65726.94	65726.94
12		2001021	8～12号铁丝	镀锌铁丝	kg	16.8	16.8		4.36	4.36	73.25	73.25
13		2001022	20～22号铁丝	镀锌铁丝	kg	2.951	2.951		4.79	4.79	14.14	14.14
14		2003004	型钢	工字钢,角钢	t	0.697	0.697		3504.27	3504.27	2442.48	2442.48
15		2003005	钢板	Q235，δ=5～4...	t	0.202	0.202		3547.01	3547.01	716.5	716.5
16		2003008	钢管	无缝钢管	t	2.424	2.424		4179.49	4179.49	10131.08	10131.08
17		2003022	钢护筒		t	0.422	0.422		4273.5	4273.5	1803.42	1803.42
18		2003026	组合钢模板		t	0.236	0.236		4700.85	4700.85	1109.4	1109.4
19		2009002	钢钎	Φ=22～25mm...	kg	10.951		10.951	6.32	6.32		
20		2009011	电焊条	结422(502、50...	kg	343.24	343.24		5.73	5.73	1966.77	1966.77
21		2009028	铁件	铁件	kg	210.372	210.372		4.53	4.53	952.99	952.99
22		2009030	铁钉	混合规格	kg	6.395	6.395		4.7	4.7	30.06	30.06
23		3001001	石油沥青		t	152.005	152.005		4529.91	3888.69	688568.97	591100.32
24		3001002	改性沥青	SBS、SBR、SR...	t	219.337	219.337		5470.09	5470.09	1199793.13	1199793.13
25		3003001	重油		kg	54618.845	54618.845		3.59	3.59	196081.65	196081.65
26		3003002	汽油	92号	kg	664.841	494.735	170.106	8.29	7.67	4101.35	3794.62
27		3003003	柴油	0号，-10号，-20...	kg	54636.612	54588.443	48.169	7.44	6.86	406138.02	374476.72
28		3005001	煤		t	0.069		0.069	561.95	561.95		
29		3005002	电		kW·h	108359.5...	108359.582		0.85	0.85	92105.64	92105.64
30		3005004	水		m3	3315.044	3315.044		2.72	2.72	9016.92	9016.92
31		4003002	锯材	中板δ=19～35...	m3	2.996	2.996		1504.42	1504.42	4507.24	4507.24
32		5001015	PVC塑料管(Φ160mm)		m	1060	1060		31.37	31.37	33252.2	33252.2
33	补	5002001	彩色振动标线涂料		kg	146.97	146.97		8.6	8.6	1263.94	1263.94

图 1-8 工料机汇总界面

9. 报表界面

作用：查看、设置或输出报表。

操作：鼠标单击导航栏的“报表”按钮，即可进入报表界面进行相关操作(图 1-9)。

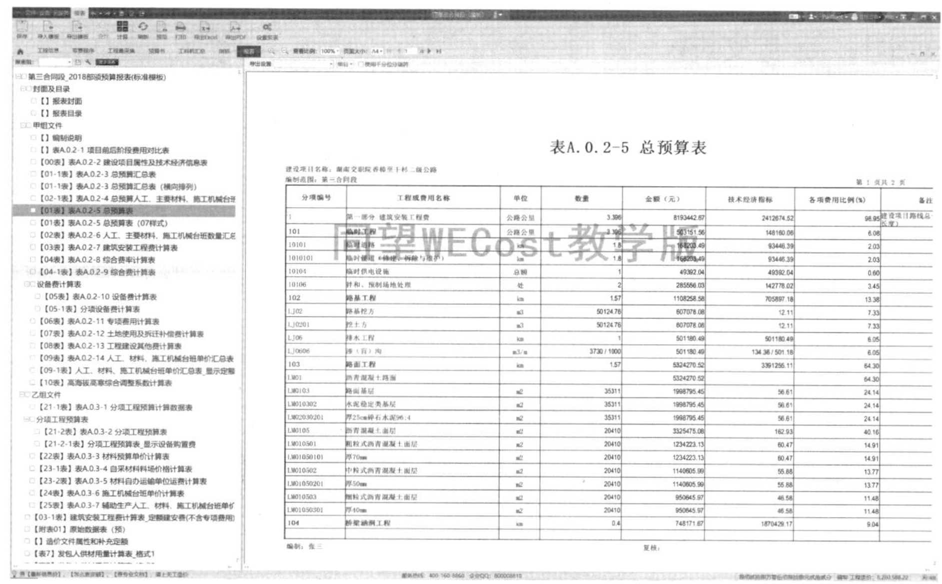

表A.0.2-5 总预算表

建设项目名称：湖南交职院香樟至千杉二级公路

编制范围：第三合同段

第 1 页共 2 页

分项编号	工程或费用名称	单位	数量	金额（元）	技术经济指标	各项费用比例(%)	备注
1	第一部分 建筑安装工程费	公路公里	3.396	8193442.67	2412674.52	98.95	建设项目路线总长度）
101	临时工程	公路公里	3.396	503151.56	148160.06	6.08	
10101	临时道路	km	1.8	168203.49	93446.39	2.03	
1010101	临时便道（修建、拆除与维护）	km	1.8	168203.49	93446.39	2.03	
10104	临时供电设施	总额	1	49392.04	49392.04	0.60	
10106	拌和、预制场地处理	处	2	285556.03	142778.02	3.45	
102	路基工程	km	1.57	1108258.58	705897.18	13.38	
LJ02	路基挖方	m3	50124.76	607078.08	12.11	7.33	
LJ0201	挖土方	m3	50124.76	607078.08	12.11	7.33	
LJ06	排水工程	km	1	501180.49	501180.49	6.05	
LJ0606	渗（盲）沟	m3/m	3730 / 1000	501180.49	134.36 / 501.18	6.05	
103	路面工程	km	1.57	5324270.52	3391256.11	64.30	
LM01	沥青混凝土路面			5324270.52		64.30	
LM0103	路面基层	m2	35311	1998795.45	56.61	24.14	
LM010302	水泥稳定类基层	m2	35311	1998795.45	56.61	24.14	
LM02030201	厚25cm碎石水泥96:4	m2	35311	1998795.45	56.61	24.14	
LM0105	沥青混凝土面层	m2	20410	3325475.08	162.93	40.16	
LM010501	粗粒式沥青混凝土面层	m2	20410	1234223.13	60.47	14.91	
LM01050101	厚70mm	m2	20410	1234223.13	60.47	14.91	
LM010502	中粒式沥青混凝土面层	m2	20410	1140605.99	55.88	13.77	
LM01050201	厚50mm	m2	20410	1140605.99	55.88	13.77	
LM010503	细粒式沥青混凝土面层	m2	20410	950645.97	46.58	11.48	
LM01050301	厚40mm	m2	20410	950645.97	46.58	11.48	
104	桥梁涵洞工程	km	0.4	748171.67	1870429.17	9.04	

编制：张三　　复核：

图 1-9 报表界面

任务 2　操作项目管理界面

【项目信息】

本预算文件来源于湖南交通职业技术学院香樟至千杉二级公路的第三合同段 K15+050~K18+420 项目文件，路线长 3.396 km，其中桥长 400 m，隧道长 1.4 km；施工队伍转移距离 60 km；主副食供应运距：粮食 3 km，燃料 3 km，蔬菜 3 km，水 3 km。

【问题引入】

1. 建设项目名称是什么？________________________________

2. 分段文件（造价文件）名称是什么？________________________

3. 编制的造价文件类型是什么？__________________________

【操作介绍】

项目管理界面可进行项目文件的新建。

【任务要求】

熟悉项目管理界面的各项操作，完成项目 2.1、项目 2.2 的操作。

2.1　项目：新建文件

新建文件一般包括新建建设项目文件、新建造价文件。完成建设项目文件、造价文件的新建后，应分别对建设项目文件、造价文件进行属性的填写。

1. 新建建设项目文件

①打开软件，在项目管理界面空白处点击鼠标右键，在弹出的工具栏中点击“新建”，选择“建设项目”，如图 2-1，系统会自动弹出“新建建设项目”对话框，如图 2-2。

②在“新建建设项目”对话框中选择建设项目类型为“公路工程”，在“工程项目名称”空格处填入建设项目名称，如图 2-2。

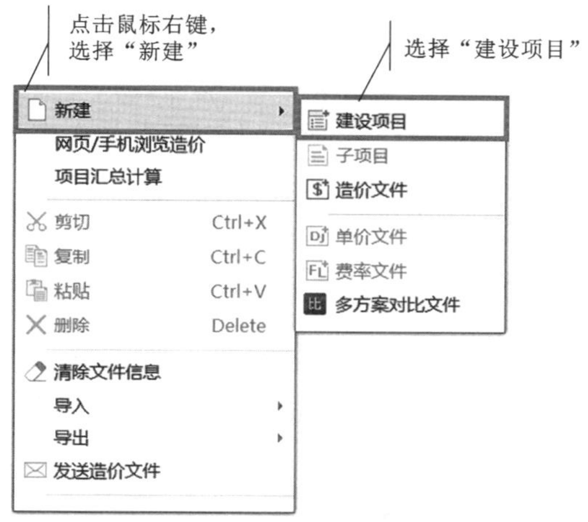

图 2-1　新建建设项目文件

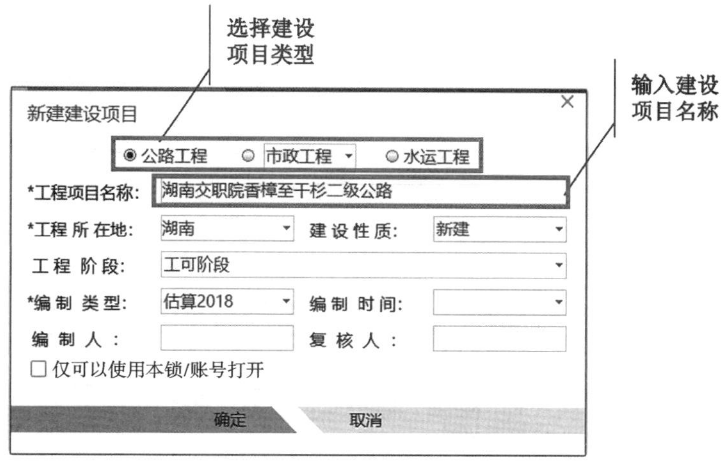

图 2-2　项目类型、名称的输入

③鼠标点击“工程所在地”下拉框选择项目工程所在地，如图 2-3。

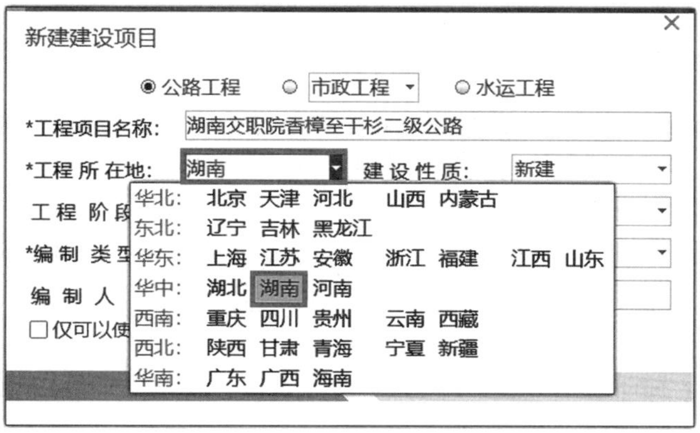

图 2-3　工程所在地选项

④鼠标点击“建设性质”下拉框选择项目的建设性质，如图 2-4。

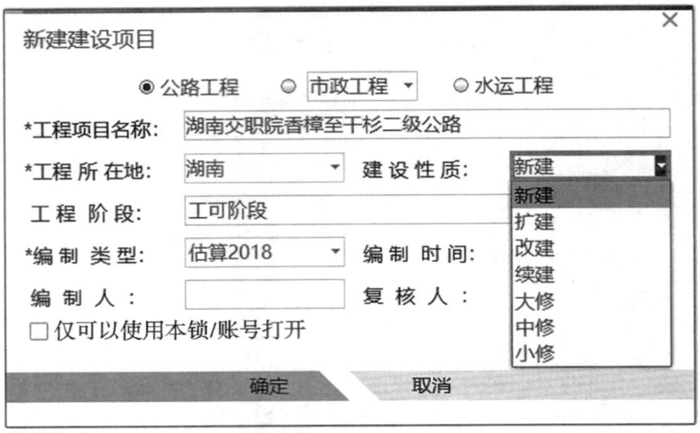

图 2-4　建设性质选项

⑤鼠标点击“工程阶段”下拉框选择所编制的造价文件对应的工程阶段，如图 2-5。

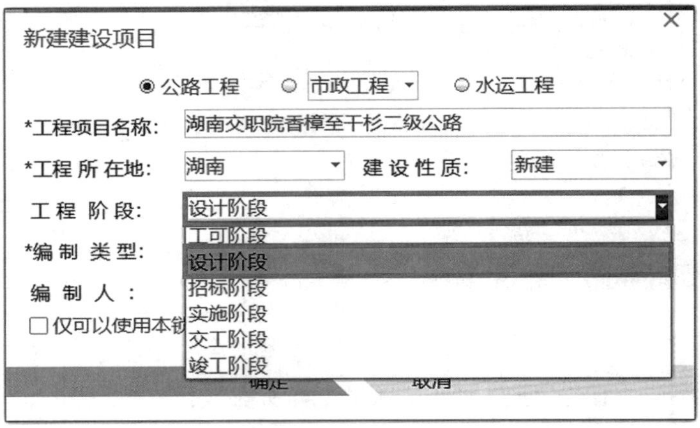

图 2-5　工程阶段选项

⑥鼠标点击“编制类型”下拉框选择所编制的造价文件对应的编制类型，如图 2-6。
⑦鼠标点击“编制时间”下拉框选择项目编制时间，如图 2-7。
⑧在“编制人”空格处输入编制人信息。
点击“确定”，对以上信息进行保存，完成建设项目的建立，如图 2-8。

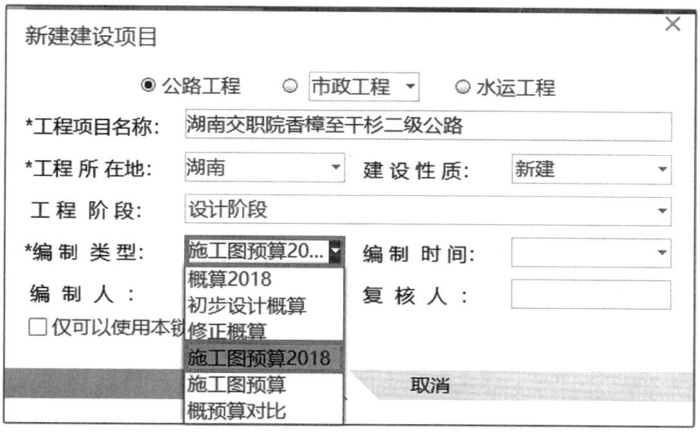

图 2-6　编制类型选项

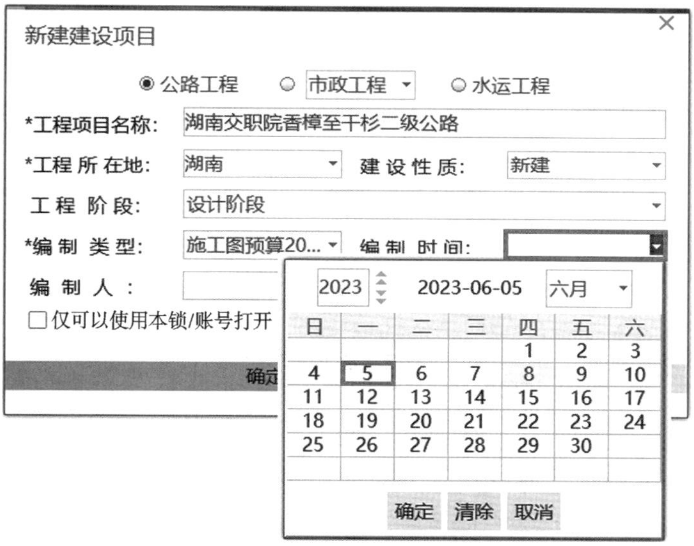

图 2-7　编制时间选项

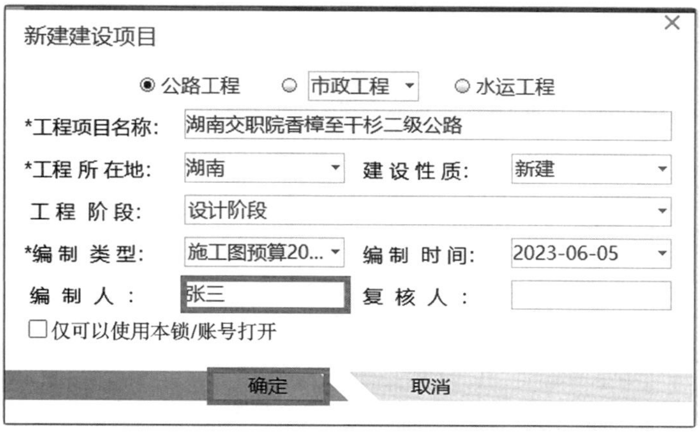

图 2-8　编制人信息的输入

2. 完善建设项目属性信息

建设项目新建成功后，可在界面右侧的属性窗口对建设项目的属性信息进行完善，如图2-9。建设项目的属性窗口包括“基本信息”“编制说明”“审核说明”三个板块，其中“审核说明”为审核人员填写处。

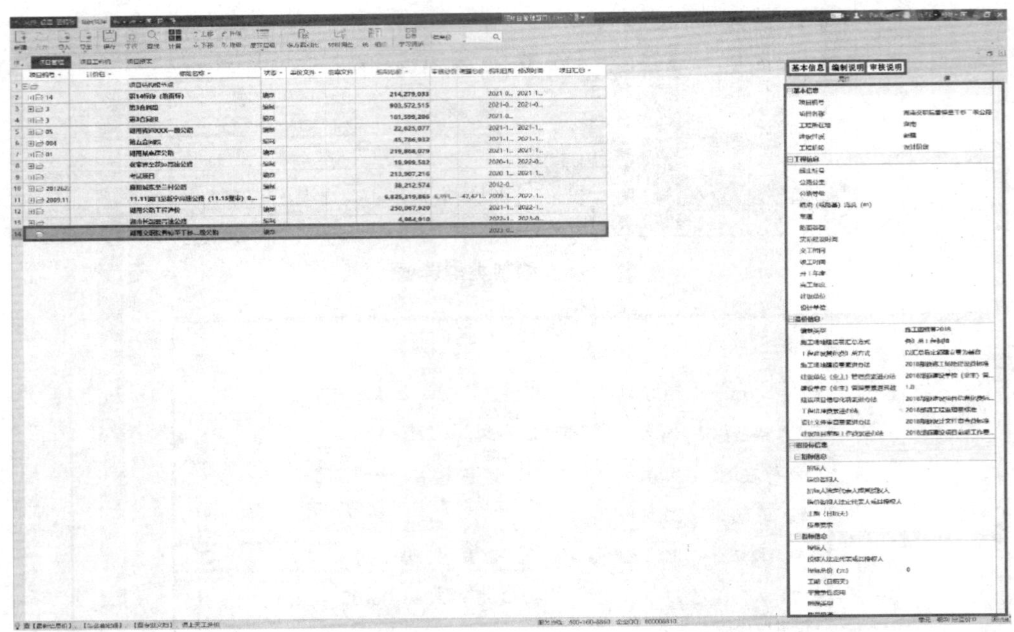

图 2-9　完善建设项目属性信息

3. 新建造价文件

①选择已经建立好的建设项目文件，点击鼠标右键，在弹出的工具栏中选择“新建”→“造价文件”，如图 2-10。系统会自动弹出“新建造价文件”对话框，如图 2-11。

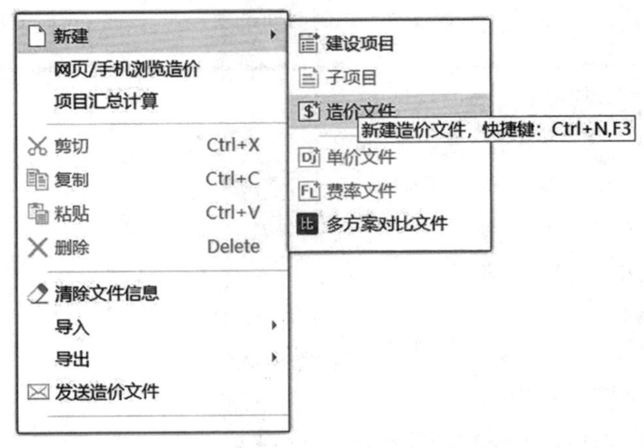

图 2-10　新建造价文件

②在“新建造价文件”对话框中输入造价文件名称，在“起止桩号”处填写造价文件的起止桩号，如图 2-11。

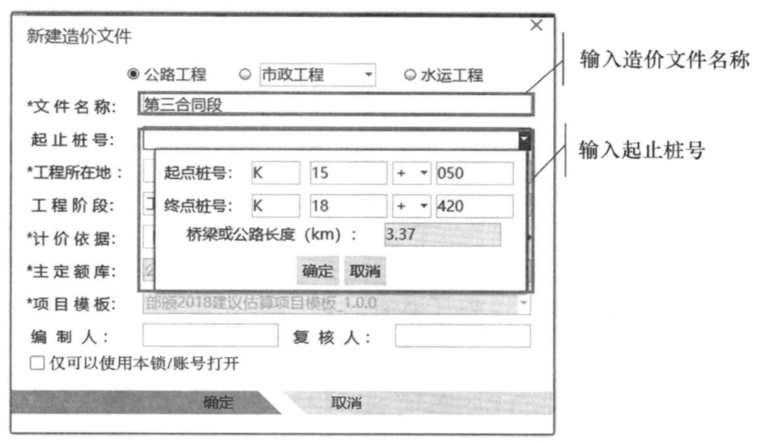

图 2-11　输入造价文件名称、起止桩号

③“工程所在地”“建设性质”“工程阶段”“编制时间”在未修改前默认为建设项目相关信息，可根据项目需要进行相应修改，如图 2-12。

新建造价文件
公路工程　市政工程　水运工程
*文 件 名 称: 第三合同段
起 止 桩 号: K15+050~K18+420
*工程所在地： 湖南　建 设 性 质: 新建
工 程 阶 段: 设计阶段　编 制 时 间: 2023-06-05
*计 价 依 据: 【部2018建】部颁2018建议估算计价依...　依据文件
*主 定 额 库: 公路工程估算指标(JTG / T 3821—2018)_1.0.0
*项 目 模 板: 部颁2018建议估算项目模板_1.0.0
编 制 人:　复 核 人:
仅可以使用本锁/账号打开
确定　取消

图 2-12　工程相关信息的设置

④根据造价文件编制类型，选择相应的计价依据，如图 2-13。

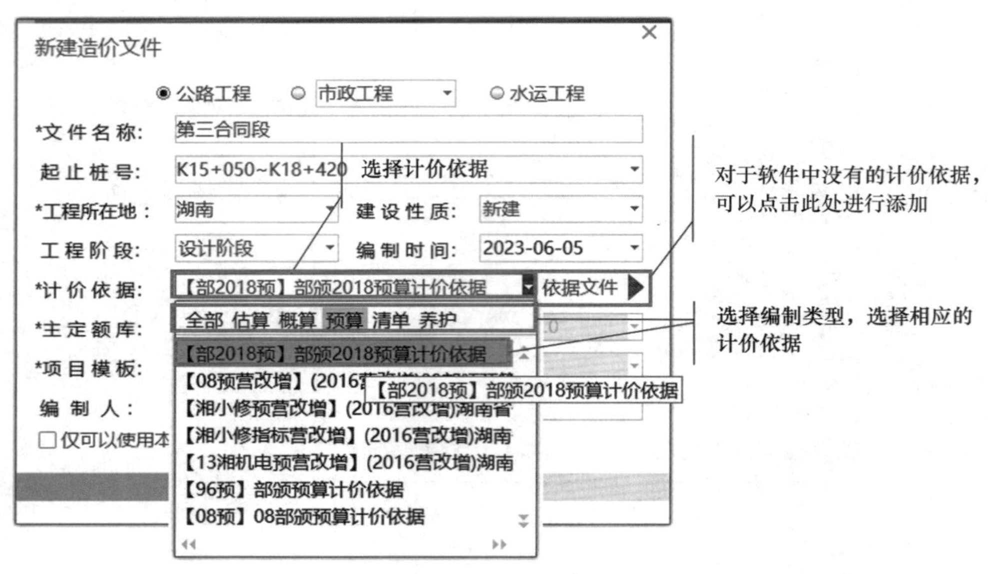

图 2-13　选择计价依据

“计价依据”是指工程造价文件编制时所使用的各类规范、标准、定额、造价信息，在运用软件编制造价文件的过程中将参照选定的计价依据所生成的对应模板进行运算。

“主定额库”“项目模板”随“计价依据”自动生成。“计价依据”一旦确定即无法更改，如图 2-14。

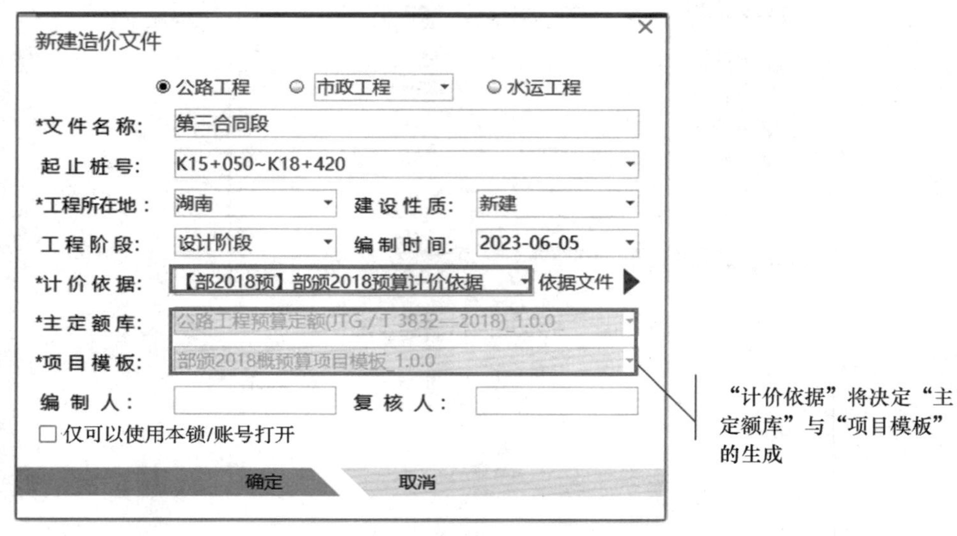

图 2-14　“主定额库”和“项目模板”

⑤输入编制人信息。点击“确定”，完成造价文件的新建，如图 2-15。

新建造价文件

◉公路工程　○市政工程　○水运工程

*文件名称:　第三合同段

起止桩号:　K15+050~K18+420

*工程所在地:　湖南　　建设性质:　新建

工程阶段:　设计阶段　　编制时间:　2023-06-05

*计价依据:　【部2018预】部颁2018预算计价依据　依据文件

*主定额库:　公路工程预算定额(JTG / T 3832—2018)_1.0.0

*项目模板:　部颁2018概预算项目模板_1.0.0

编制人:　张三　　复核人:

☐仅可以使用本锁/账号打开

确定　　取消

图 2-15　编制人信息

4. 完善造价文件属性

在项目管理界面右侧的属性窗口，可对造价文件的相关信息进行输入，将项目属性信息完善，其中工程信息一栏将对造价文件的费用产生影响，如图 2-16。

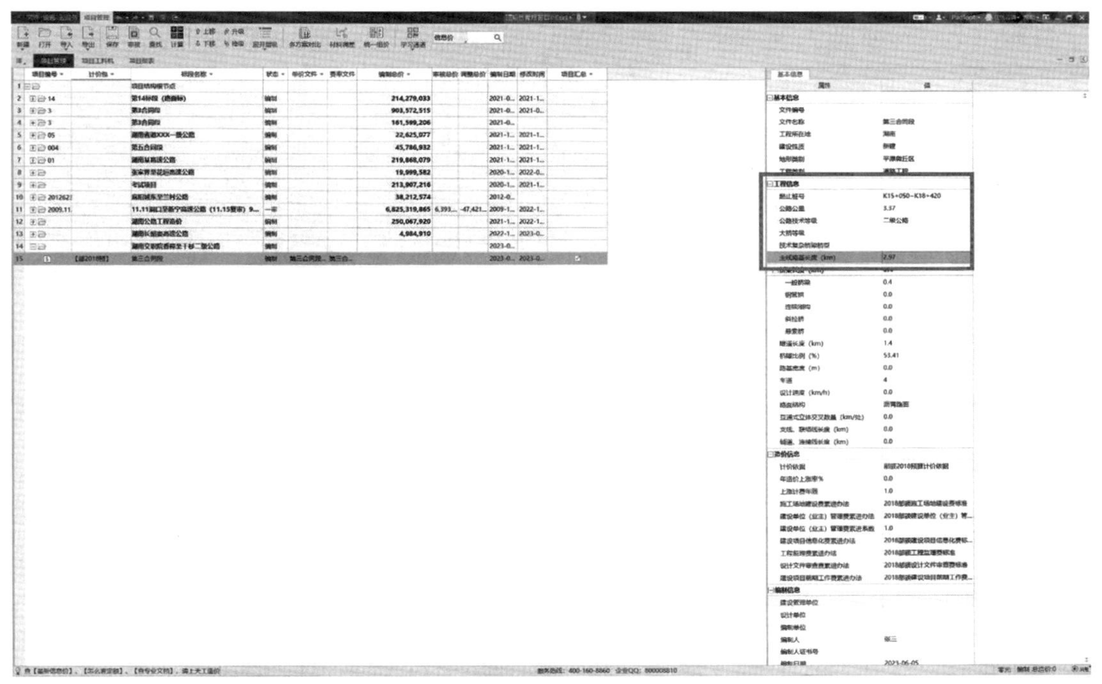

图 2-16　造价文件属性窗口

2.2 项目：其他功能

在项目管理界面点击鼠标右键可进行新建子项目及导入、导出等操作。

1. 新建子项目

子项目主要用于对造价文件进行分类，可根据需要建立，建立方法同建设项目、造价文件的新建。

2. 导入

点击鼠标右键，可将编制好的同望工程造价数据文件导入软件，如图 2-17。导入格式包括从云端下载、Wecost 文件格式、Excel 文件格式、Wcost 文件格式。

图 2-17　导入功能

3. 导出

已编制好的文件可以从软件中导出。

操作方式：选择需导出的文件→点击鼠标右键选择“导出”→选择导出格式，如图 2-18。导出格式包括三种：另存到云端、Wecost 文件格式、Excel 文件格式。

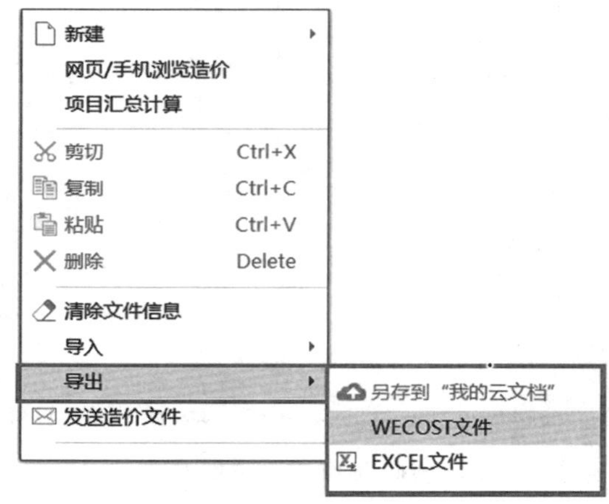

图 2-18　导出功能

任务 3　操作取费程序界面

【项目信息】

本预算文件来源于湖南交通职业技术学院香樟至千杉二级公路的第三合同段 K15+050~K18+420 项目文件，路线长 3.396 km，其中桥长 400 m，隧道长 1.4 km；施工队伍转移距离 60 km；主副食供应运距：粮食 3 km，燃料 3 km，蔬菜 3 km，水 3 km。其他各项按工程所在区域结合编制办法及相关规定计取。

【问题引入】

1. 本项目工程所在地在哪里？＿＿＿＿＿＿＿＿＿＿＿＿＿＿＿＿＿＿＿＿
2. 根据问题 1 的答案确定：当地现行费率标准文件是什么？＿＿＿＿＿＿＿＿＿＿＿＿
3. 费率参数设置窗口中，哪些属于措施费的内容？＿＿＿＿＿＿＿＿＿＿＿＿＿＿
4. 本项目中哪些费率是必须计取的？哪些是不用计取的？＿＿＿＿＿＿＿＿＿＿
5. 在费率的计取中，应该结合哪些因素进行考虑？＿＿＿＿＿＿＿＿＿＿＿＿＿＿

【操作介绍】

取费程序界面可对项目文件的措施费、企业管理费、规费、利润、税金进行设置与调整。

【任务要求】

结合概预算编制办法及项目的实际情况，完成本项目费率的编辑。

项目：编辑费率

1. 打开取费程序界面

在预算书界面点击左上方导航栏的“取费程序”按钮，切换至“取费程序”界面，如图 3-1。“取费程序”界面包括费率数据显示窗口、费率设置窗口、造价文件费用组成窗口。

2. 设置费率参数

根据工程项目实际情况，结合概预算编制办法，在取费程序界面右侧的费率设置窗口进行项目取费的设定：逐项单击费率各“设置项目”的“设置值”栏，在下拉框中进行选择或者直接输入。其中，“综合里程”的数值输入可用鼠标左键双击“设置值”栏单元格，点击加载项，弹出“综合里程计算”窗口，将涉及综合里程的“粮食”“燃料”“蔬菜”“水”的里程数值分别输入在各栏中，点击“确定”，软件将根据输入信息自动计算出综合里程，如图 3-2。

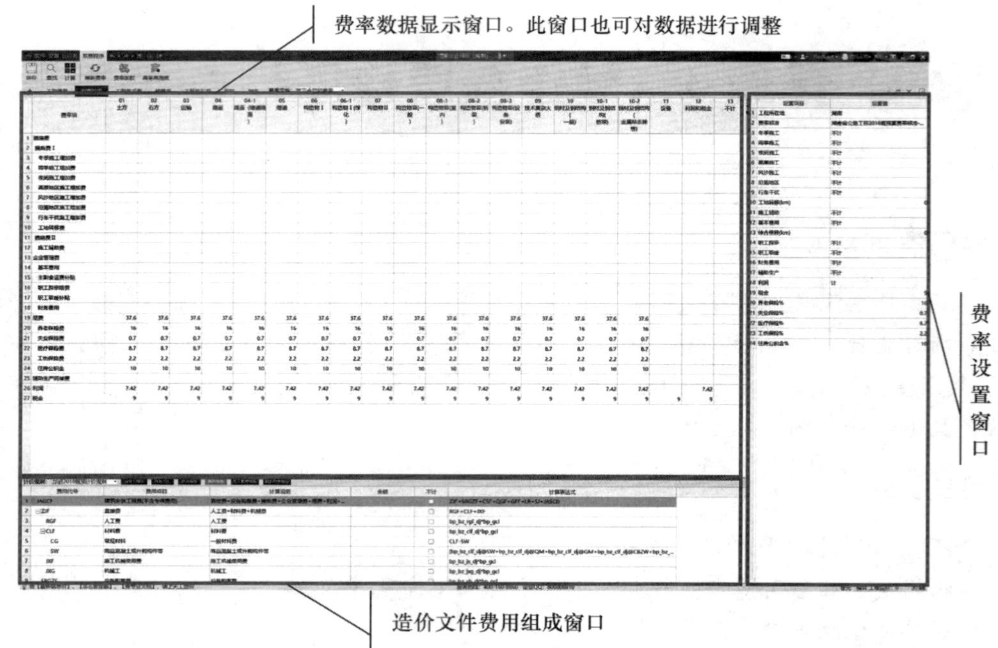

图 3-1　取费程序界面

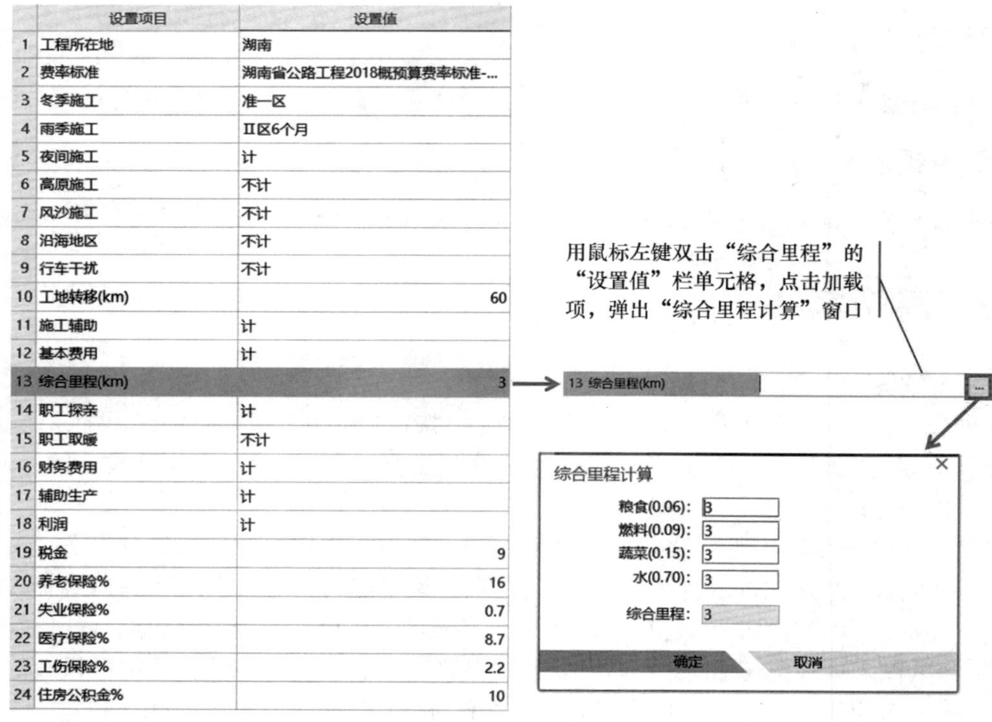

	设置项目	设置值
1	工程所在地	湖南
2	费率标准	湖南省公路工程2018概预算费率标准-...
3	冬季施工	准一区
4	雨季施工	II区6个月
5	夜间施工	计
6	高原施工	不计
7	风沙施工	不计
8	沿海地区	不计
9	行车干扰	不计
10	工地转移(km)	60
11	施工辅助	计
12	基本费用	计
13	综合里程(km)	3
14	职工探亲	计
15	职工取暖	不计
16	财务费用	计
17	辅助生产	计
18	利润	计
19	税金	9
20	养老保险%	16
21	失业保险%	0.7
22	医疗保险%	8.7
23	工伤保险%	2.2
24	住房公积金%	10

图 3-2　设置费率参数

3. 对费率项的数值进行修改

在取费程序界面左上的费率数据显示窗口中，可根据项目实际情况对费率项的数值进行修改、调整，也可单击鼠标右键打开工具栏，进行相应选择，如图3-3。

“费率＊系数”：采取费率×系数的方式进行费率值的调整。

“费率加权计算”：采取加权计算方式设定费率值。

“恢复默认费率”：将修改后的费率值恢复为初始值。

“导入费率文件”：包括“导入费率文件”和“复制其他项目费率”两个选项。

“导出费率文件”：将当前设定好的费率文件导出，形成费率模板。

“锁定此列”“撤销列锁定”：选择“锁定此列”后，相当于冻结该列，不可移动；“撤销列锁定”后，取消冻结。

“导出表格为Excel”：将当前费率信息以表格形式导出并进行保存。

图3-3 费率工具栏

4. 查看造价文件的费用组成

在编制造价文件的过程中或编制完造价文件后，可在取费程序界面下方的造价文件费用组成窗口中查看本项目造价文件中各费用项目的金额。

任务4 操作预算书界面

4.1 项目：建立项目表/清单

【项目信息】

项目表信息见表4-1。

表4-1 项目表信息

项目节	名称	单位	工程量
1	第一部分 建筑安装工程费	公路公里	3.396
101	临时工程	公路公里	3.396
10101	临时道路	km	1.8
1010101	临时便道(修建、拆除与维护)	km	1.8
10106	拌和、预制场地处理	处	2.0

【问题引入】

1.什么是项目表？______

2.什么是父项、子项？______

【操作介绍】

在预算书界面进行项目表/清单的建立，完善项目工程量。

【任务要求】

根据案例工程内容结合概预算编制办法进行造价书的编制。

建立项目表指从设计图纸中摘取工程内容，按照规范要求进行项目表的建立。在同望工程造价管理软件中可通过建立标准项目表及非标准项目表来完成工程项目表的建立。

1.建立标准项目表

①在预算书界面点击右侧的“标准模板”图标，点击下拉框选择项目表模板。确定模板后，点击“+”展开项目表模板。确定需要添加的项目工程后，可通过双击鼠标左键添加或在方框处进行勾选再点击“添加选中”完成添加，如图4-1。

②输入工程量，如图4-2，将各项的工程量输入“工程量”栏。当单位为复合单位时，如m^3/m，则m^3的工程量填写在“工程量”栏，m的工程量填写在“工程量2”栏。

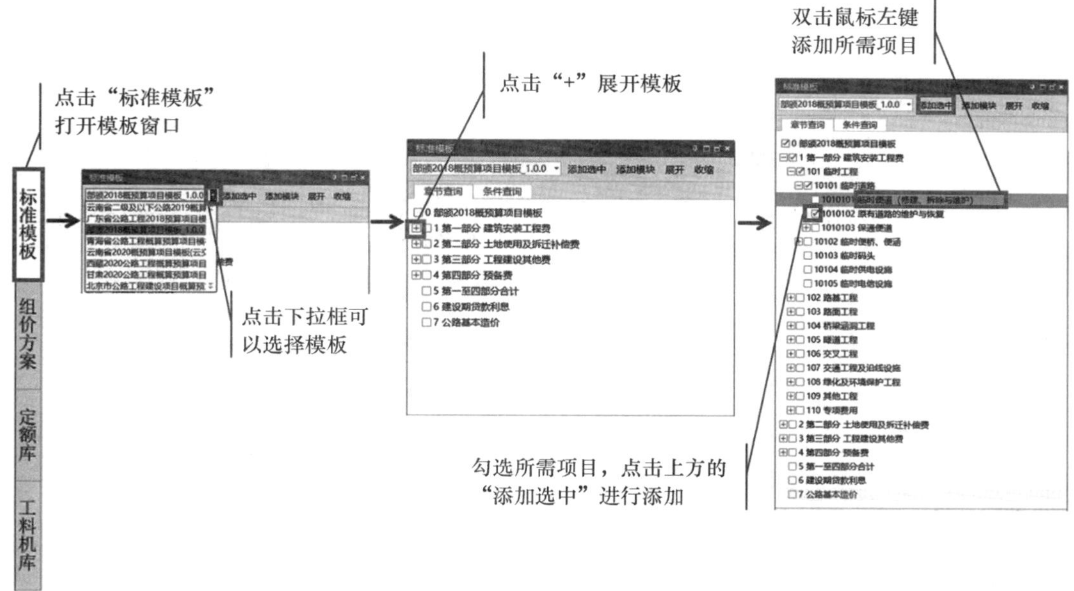

图 4-1　建立标准项目表的操作过程

	编号	标识	名称	单位	工程量	工程量2
1		工程	第三合同段			
2	1	项	第一部分 建筑安装工程费	公路公里	3.396	
3	101	项	临时工程	公路公里	3.396	
4	10101	项	临时道路	km	1.8	
5	1010101	项	临时便道（修建、拆除与维护）	km	1.8	

图 4-2　输入工程量

添加非标准项

2. 建立非标准项目表

对于标准项目表中没有的非标准项，可点击鼠标右键打开工具栏，选择增加“子项”/“前项”/“后项”完成项的增加，如图 4-3。

①确定所需添加项与已有项之间的层次关系，如“10106 拌和、预制场地处理”与已建立好的“10101 临时道路”是平级的关系，则鼠标选中“10101 临时道路”，点击鼠标右键打开工具栏，点击“增加”，选择“后项”，软件会自动生成一条后项，将“10106 拌和、预制场地处理”的编号、名称、单位、工程量输入在增加项中即可(注：若选定项在标准项目表中本身有后项，则在进行增加后项操作时软件会自动添加后项项目内容，此时只需修改编号、名称、单位、工程量等数据)；也可选中“101 临时工程”，以增加子项的方式完成项的添加。

②建立好的非标准项如图 4-4 所示。

注：(1)若添加的项层次不合理，可通过预算书界面上方工具栏的层次调节图标进行调整，该图标从左至右分别代表上移、下移、升级、降级。

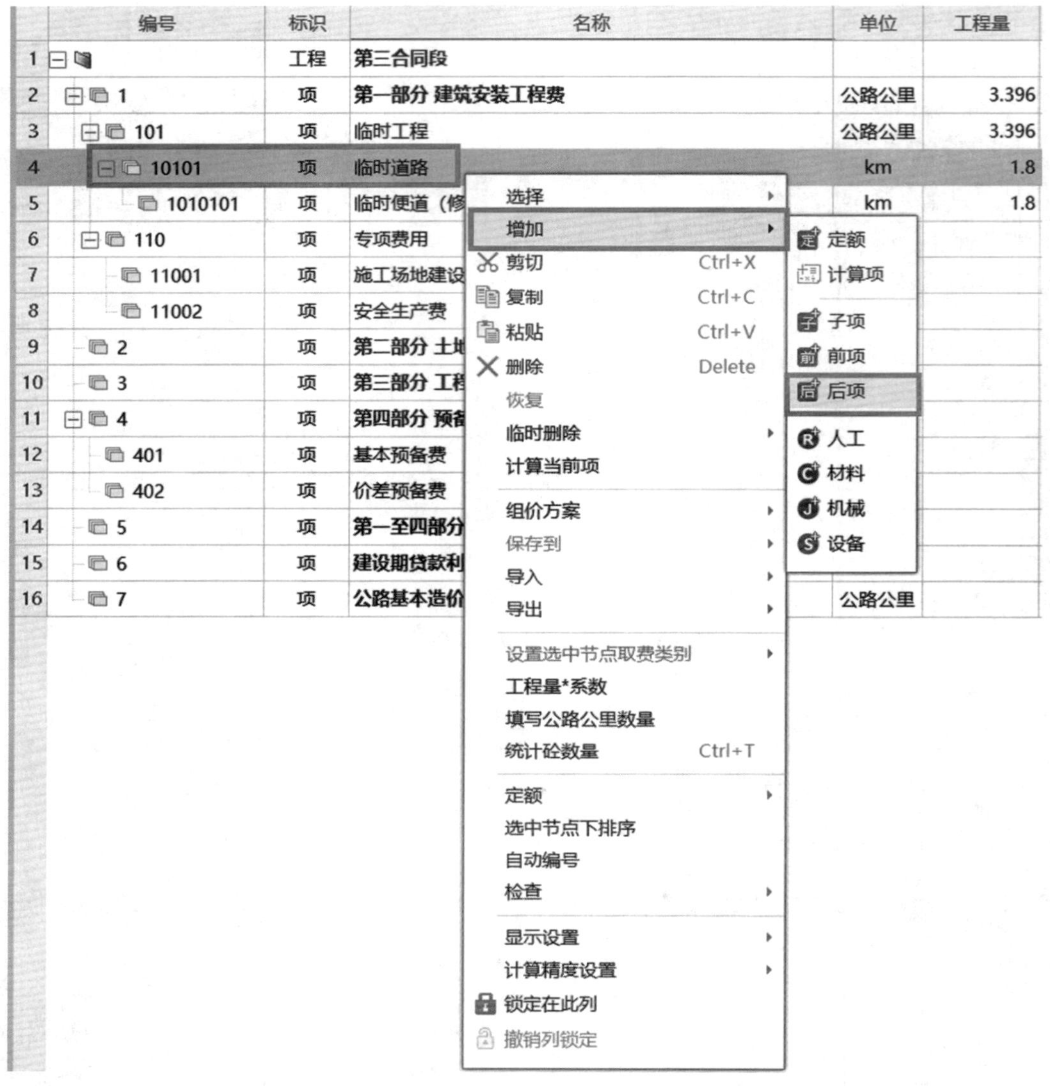

图 4-3　建立非标准项目表的操作示意

	编号	标识	名称	单位	工程量	工程量2
1		工程	第三合同段			
2	1	项	第一部分 建筑安装工程费	公路公里	3.396	
3	101	项	临时工程	公路公里	3.396	
4	10101	项	临时道路	km	1.8	
5	1010101	项	临时便道（修建、拆除与维护）	km	1.8	
6	10106	项	拌和、预制场地处理	处	2	

图 4-4　非标准项示意

（2）如需删除某项工程，则选择该项，点击鼠标右键，在工具栏中选择“删除”即可。若选择的项目为父项工程，则删除范围包括父项本身、父项所包含的子项；若选择的项目为子项工程，则仅删除所选定的子项工程。

4.2　项目：添加定额

添加定额

【项目信息】

项目表信息见表4-2。

表4-2　项目表信息

项目节	定额编号	名称	单位	工程量
1		第一部分 建筑安装工程费	公路公里	3.396
101		临时工程	公路公里	3.396
10101		临时道路	km	1.8
1010101		临时便道（修建、拆除与维护）	km	1.8
	7-1-1-3	汽车便道路基宽4.5 m（平原微丘区）	1 km	1.8
10106		拌和、预制场地处理	处	2.0
	4-11-11-8	生产能力25 m^3/h以内混凝土搅拌站（楼）安拆	1座	2.0
	2-2-3-7	机械摊铺级配砾石面层（拖拉机带铧犁拌和，压实厚度10 cm）	1000 m^2	4.0

【问题引入】

1. 如何计取分项工程的费用？______
2. 套取定额的依据是什么？______
3. 定额工程量与自然工程量有什么不同？______

【操作介绍】

选中需要套取定额的工程项目后，再进行定额的添加。

【任务要求】

软件中定额的添加有三种方式，请分别采用三种方式完成项目信息中定额的添加。

1. 定额的添加方式

①从“定额库”添加定额：鼠标选定需要添加定额的项，点击预算书界面右侧菜单栏的“定额库”，软件会自动打开“定额库”窗口，如图4-5。可通过双击鼠标左键选择需要添加的定额或点击鼠标右键选择“添加所在行”两种方式添加定额。

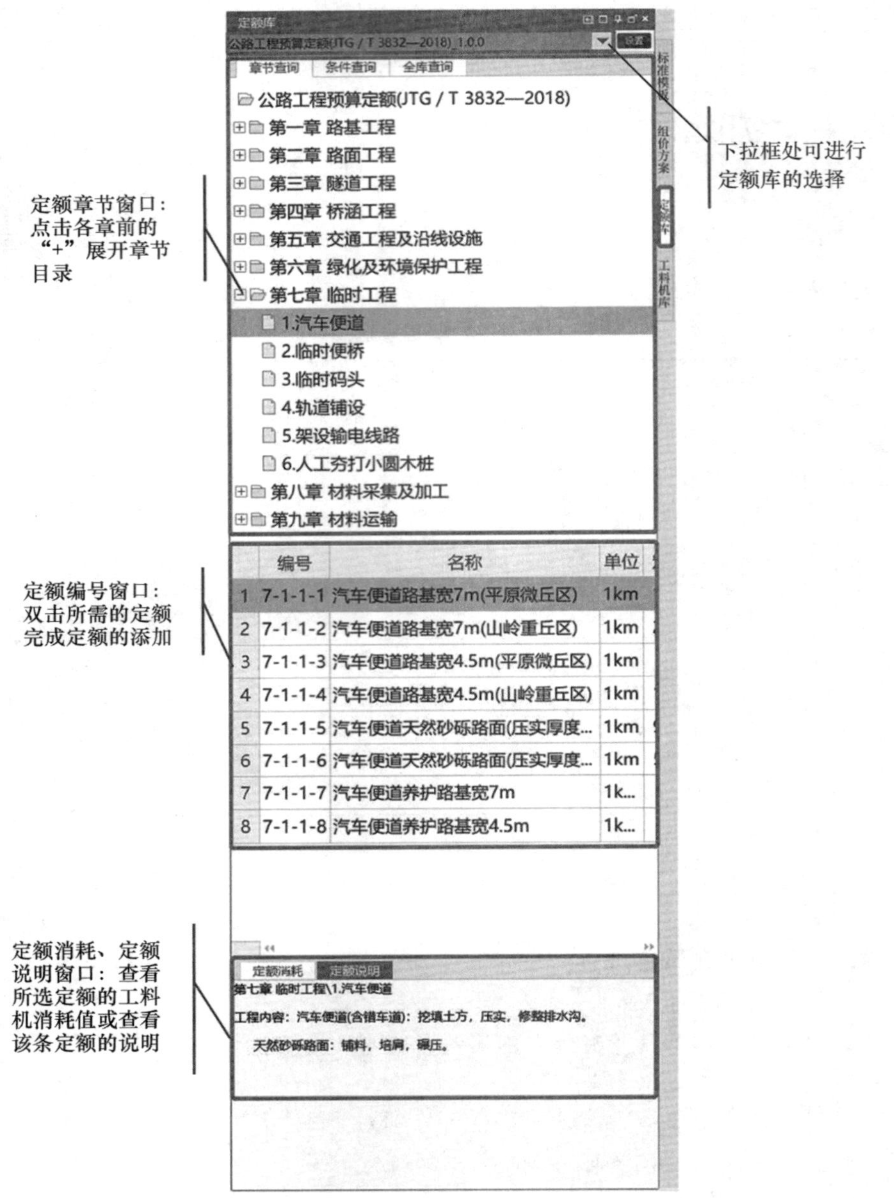

图 4-5 “定额库”窗口

②通过“条件查询”添加定额：鼠标选定需要添加定额的项，点击预算书界面右侧菜单栏的“定额库”，在弹出的“定额库”窗口中点击“条件查询”选项卡，则切换为“条件查询”窗口。输入查询内容，确定需要添加的定额，通过双击鼠标左键选择需要添加的定额或点击鼠标右键选择“添加所在行”两种方式进行添加。如图 4-6，要寻找含有人工的定额，则在“工料机名称”中输入“人工”，点击“查询”，软件会将所有涉及“人工”的定额显示在定额编号窗口。

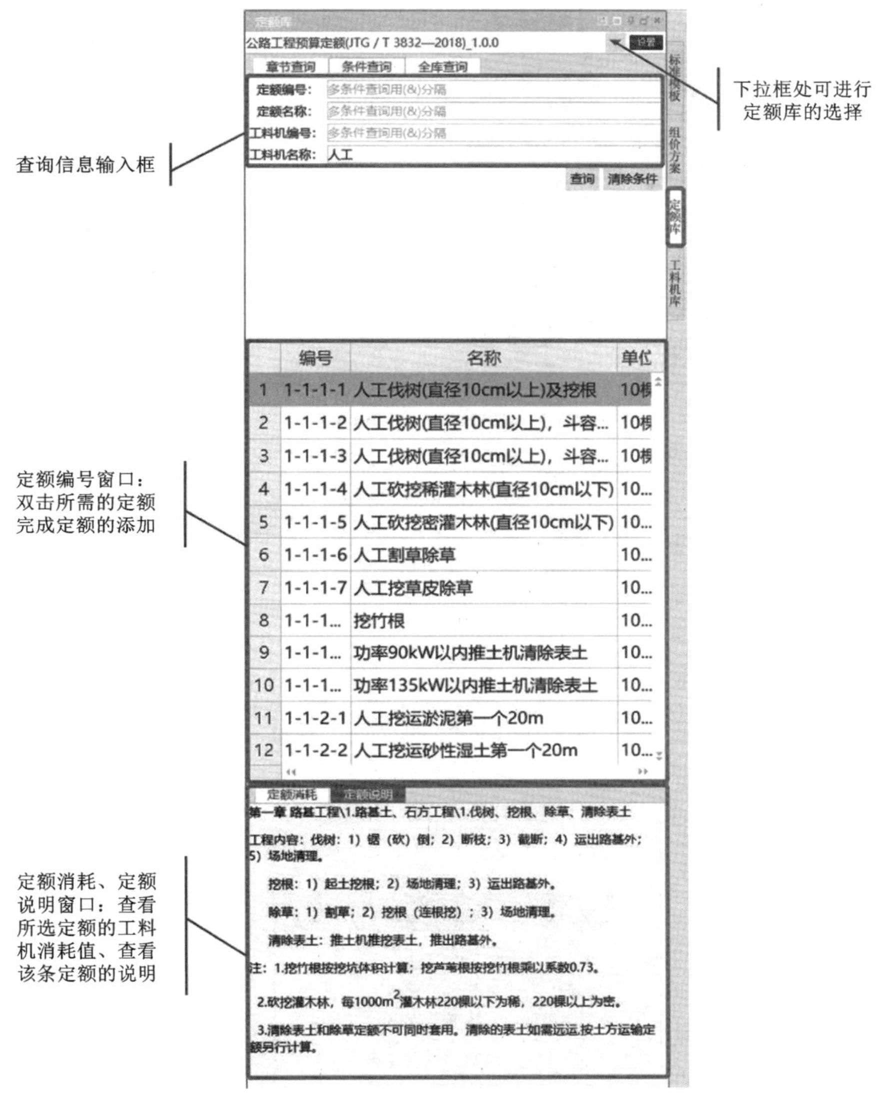

图 4-6 "条件查询"窗口

③点击鼠标右键增加定额:在项目表中鼠标选定需要添加定额的项,点击鼠标右键选择"增加"→"定额",软件会在该项下面自动生成定额输入行:a.点击定额编号窗口的加载项,软件会自动打开"定额库"窗口,可在"定额库"窗口中添加定额;b.直接在定额编号窗口输入定额编号,在输入定额编号的过程中,软件会显示与输入定额编号相关的定额(渐进式),可双击选择进行添加,也可直接输入定额编号完成添加,如图4-7。

2.定额工程量

需根据设计图纸结合定额单位进行工程量的填写。

①设置工程量输入方式:点击预算书界面上方菜单栏的"设置",点击"选项",如图4-8。

图 4-7　点击鼠标右键增加定额

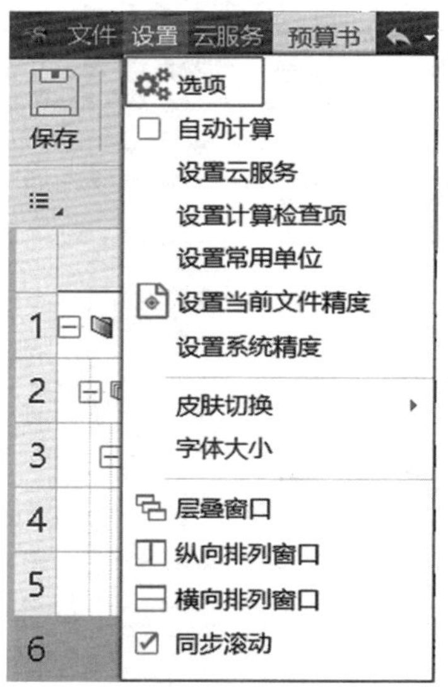

图 4-8　“设置”菜单

②如图 4-9，“选项”窗口中第 22 项为定额工程量的输入方式，包括自然单位和定额单位。

自然单位：定额工程量=输入工程量/定额单位系数。

定额单位：定额工程量=输入工程量。

例：当工程的工程量为 12345 m^3，定额单位为 1000 m^3 时，若选自然单位，在定额工程量单元格中输入 12345 数值，软件会自动进行定额单位的换算，生成定额单位工程量 12.345；若选定额单位，软件将不会进行定额单位的换算，在定额工程量单元格中输入 12345 数值，所输数值即为定额单位工程量 12345，在此情况下，输入 12.345 数值，才是正确的输入。

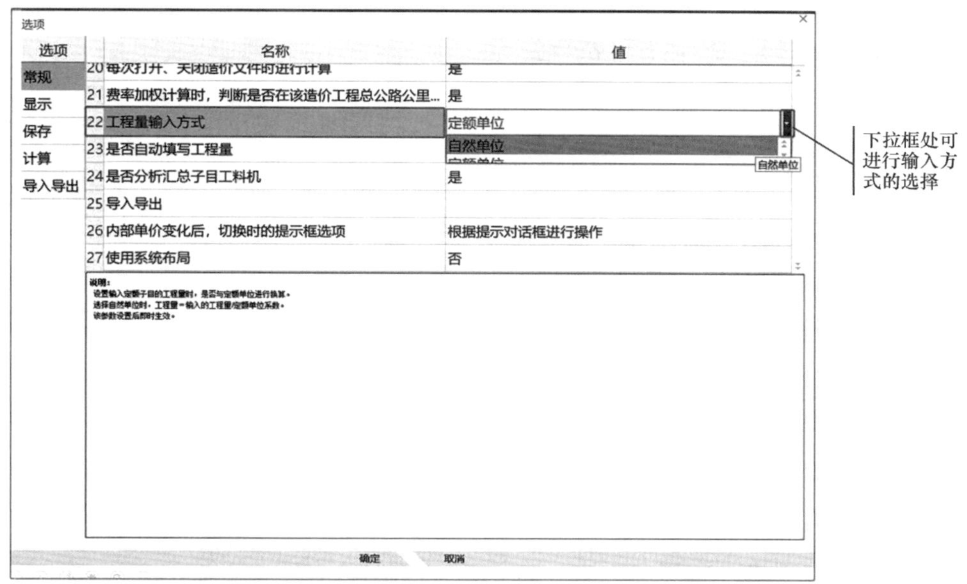

图 4-9　定额工程量的输入方式调整

4.3　项目：调整定额

定额调整

【项目信息】

定额信息见表 4-3。

表 4-3　定额信息

定额编号	定额名称	单位	工程量	调整情况
1-3-2-2	PVC 管安装	100 m	10.000	使用 PVC 塑料管(ϕ160 mm)，消耗量 200
1-1-12-14	135 kW 以内推土机推普通土 20 m	1000 m^3 天然密实方	43.211	43211 m^3 为压实方，定额×系数 1.16 转换为天然密实方
4-4-8-26	集中加工主筋焊接连接	1 t	19.840	全部采用带肋钢筋
2-1-7-5	厂拌厚 20 cm 碎石水泥(95∶5)	1000 m^2	35.311	厚度 25 cm，碎石∶水泥=96∶4

【问题引入】

1. 什么是定额调整？______

2. 什么情况下需要调整定额？______

3. 定额调整包括哪些内容的调整？______

4. 调整定额后对该条定额有什么影响？______

【操作介绍】

定额调整也称定额抽换，可根据现场施工工艺情况进行定额调整。用鼠标选择需要调整的定额，在下方的工料机窗口进行定额调整。

【任务要求】

在软件中完成定额调整的操作。

1. 定额调整状态窗口（工料机窗口右侧，如图 4-10）

☒：删除选中的调整状态，即撤销该项调整。

⇧ ⇩：上移、下移，改变调整状态的调整顺序，对造价有一定的影响。

⌫：清空某条定额的所有调整状态，定额恢复初始值。

🔒：锁定定额名称，选定该图标后，定额名称不以调整做任何改变。

🗗：弹出定额调整状态窗口，如图 4-11。

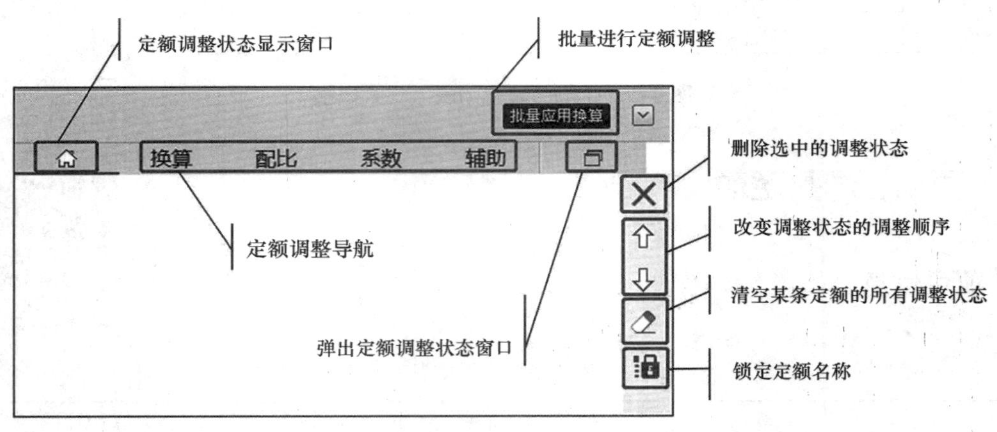

图 4-10 定额调整状态窗口

注：如需批量调整定额，可通过操作将有相同调整要求的定额进行快速、批量的调整。具体操作：在定额调整状态窗口的调整列表中选中一条调整信息，点击定额调整状态窗口右上角的“批量应用换算”，弹出“批量设置定额调整”对话框，勾选要进行相同调整的定额，点击“确定”，即可完成定额的批量调整。

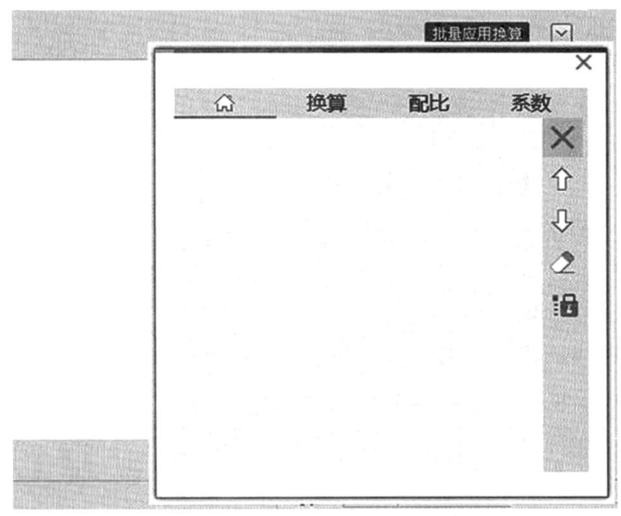

图 4-11　弹出的定额调整状态窗口

撤销多项定额调整：在预算书界面，按 Ctrl 或 Shift 选中要撤销调整的定额，点击鼠标右键选择“定额”→“取消选中定额调整”，即可撤销所选定额的所有调整。

撤销所有定额调整：在预算书界面，点击鼠标右键选择“定额”→“取消所有定额调整”，即可撤销该造价文件中所有定额的所有调整。

2. 换算

点击“换算”按钮，软件会列出该定额常用到的换算。如砂浆，砼标号，厚度和运距的综合调整，等等。

只需要在调整的复选框中打钩，根据工程具体情况输入相关参数后，系统会自动调整消耗量和定额名称。

3. 配比

针对需进行混合料配比调整的定额，点击“配比”按钮，可在“调整为”一栏中输入目标配比。在输入第一项材料的配比后，系统会根据比例之和为100%的原则自动计算并生成第二项材料的配比，同时自动修改定额名称。

4. 系数

点击“系数”按钮，根据调整需要，在“人工系数”“材料系数”“机械系数”调整框里输入相应系数后回车，系统自动计算消耗量并显示调整信息。不调整时“子目系数”全部默认为1。

5. 辅助调整

辅助定额指针对主定额的标准量进行增减调整。

点击“辅助”按钮，然后在调整信息框空白处点击鼠标右键选择“增加”，弹出“选择定额”对话框，找到对应的辅助定额后，双击或单击鼠标右键选择“添加选中行”，辅助定额即被添加到调整信息窗口中，根据工程实际情况填写调整系数即可。

6. 调整工料机

定额工料机的调整，可在预算书界面下方的工料机窗口中进行。工料机窗口上方有工具按钮 R C J S 选 保，可以根据需要增加/选择工料机，将新增工料机保存到"我的工料机库"；或单击鼠标右键，在菜单中选择"增加"/"删除"/"工料机替换"，同时还可以将新增工料机保存至"我的工料机库"。

① R C J S 增加工料机：确定需要增加材料的类别，点击 R C J S 或鼠标右键选择需增加材料的对应类别，点击"增加"后直接输入新增工料机的"编号"（注：新增工料机的编号须为7位数，第1、2位取相近材料的编号，第3、4位取偶数，第5、6、7位按顺序排列）、"名称"、"单位"、"定额价"、"预算价"、"定额消耗"；如新增材料已在工料机库中，可点击新增行"编号"栏中的"更多"按钮，在弹出的工料机库中选择所需工料机。

删除：选中某条工料机，单击鼠标右键选择"删除"即可。

工料机替换：选中某条工料机，单击鼠标右键选择"工料机替换"，从弹出的工料机库中选择工料机，双击或单击鼠标右键选择"添加选中行"即可替换当前工料机。

② 选择工料机：单击工具栏中的"选择工料机"，弹出工料机库，选择所需工料机后双击或单击鼠标右键选择"添加选中行"。（此属于增加工料机操作。）

③ 保存到"我的工料机库"：针对新增工料机，需点击按钮或鼠标右键选择"保存到我的工料机库"，在弹出的"我的2018工料机库"对话框中，点击"+"展开材料类别，确定材料的类别后单击鼠标右键选择"保存工料机到该章节"即可，如图4-12。

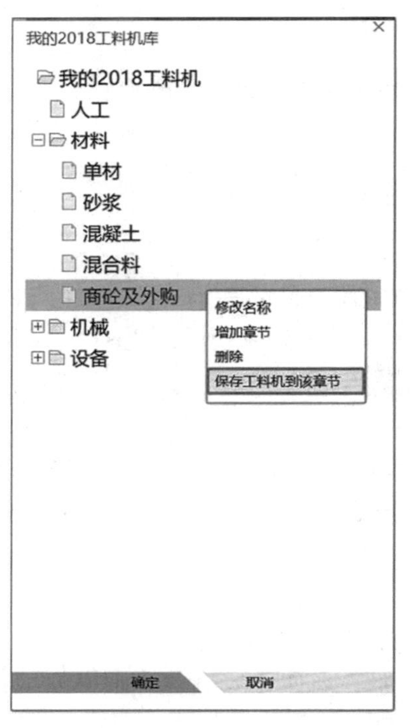

图4-12 "我的2018工料机库"对话框

7. 工料机预算价调整

根据项目实际情况，可对工料机预算价进行调整，即直接在该工料机的“预算价”列输入当前市场价，输入完成后软件会询问：“修改市场价是否同步到整个造价文件?”（图 4-13）若点击“是”，则当前输入的该材料预算价会同步到整个项目该项材料的预算价；若点击“否”，则材料预算价的修改仅针对本项定额的该项材料预算价。

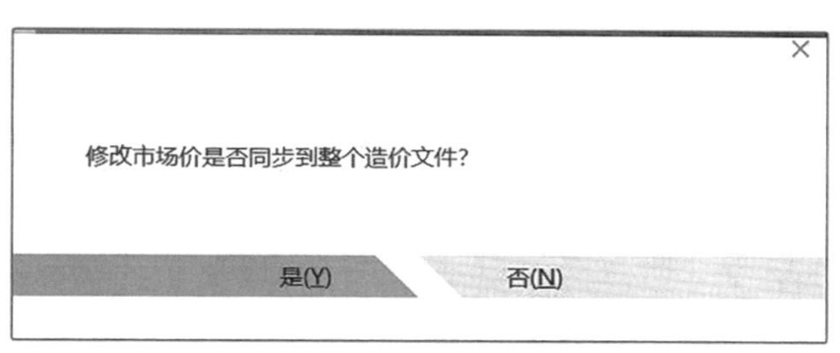

图 4-13　询问对话框

8. 工料机消耗调整

根据项目的施工工艺实际情况，可对工料机的消耗量进行调整，直接在该工料机的“调整消耗”栏中输入实际消耗值。

4.4　项目：补充定额的编制与运用（含新增工料机）

补充定额

【项目信息】

补充定额信息见表 4-4。

表 4-4　补充定额信息

<table>
<tr><td colspan="3">定额名称：彩色振动标线 5-1-5-12</td></tr>
<tr><td colspan="3">工程内容：清扫路面，放样，加热热熔涂料，画线</td></tr>
<tr><td colspan="3">100 m²</td></tr>
<tr><td>工料机</td><td>单位</td><td>消耗量</td></tr>
<tr><td>人工</td><td>工日</td><td>4.9</td></tr>
<tr><td>彩色振动标线涂料</td><td>kg</td><td>816.5</td></tr>
<tr><td>底油</td><td>kg</td><td>27.2</td></tr>
<tr><td>反光玻璃珠</td><td>kg</td><td>38.1</td></tr>
<tr><td>其他材料费</td><td>元</td><td>21.8</td></tr>
<tr><td>热熔标线设备</td><td>台班</td><td>0.43</td></tr>
<tr><td>4 t 以内载货汽车</td><td>台班</td><td>0.39</td></tr>
<tr><td>8 t 以内载货汽车</td><td>台班</td><td>0.39</td></tr>
<tr><td colspan="3">其中，彩色振动标线涂料的定额价为 8.6 元/kg</td></tr>
</table>

【问题引入】

1. 什么情况下需要使用补充定额？________________

2. 什么情况下需要新增补充定额？________________

3. 编制补充定额需要获取哪些资料？________________

【操作介绍】

同望工程造价管理软件中，新增补充定额及工料机有两种方法：①在预算书界面新增补充定额及工料机；②在“我的定额工料机库”中新增补充定额及工料机。

【任务要求】

按照软件操作内容完成补充定额“5-1-5-12 彩色振动标线”的新增及使用。

1. 在预算书界面新增补充定额（新增工料机见步骤④）

①鼠标选定需要添加补充定额的项，点击鼠标右键选择“增加”→“定额”，如图 4-14。

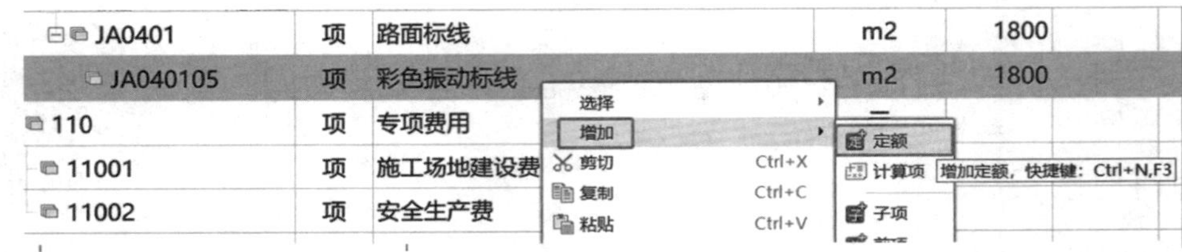

图 4-14　新增补充定额

②输入补充定额的“定额编号”（软件会弹出“是否添加补充定额”对话框，点击“确定”即可）、“名称”、“单位”、“数量”、“取费类别”，如图 4-15。注：“单位”需输入定额单位。

LB-5-1-5-12	定额	彩色振动标线	100m2	0.18	08.构造物Ⅲ(...

图 4-15　输入补充定额的相关信息

③在工料机窗口点击鼠标右键选择“增加”工料机或点击工具栏工料机的图标新增工料机。如已知需添加的工料机的编号，则可通过输入工料机的编号进行添加，或点击“编号”单元格的加载项，在弹出的工料机窗口中选择所需的工料机进行添加。添加后在工料机的“调整消耗”单元格中输入该项材料的消耗量数值，如图 4-16。

④新增工料机：按照第③步增加工料机，依次输入材料的“编号”“名称”“单位”“定额价”“预算价”“用量”等（图 4-17），点击鼠标右键选择“保存到我的工料机库”（图 4-18），在弹出的“我的定额库”对话框中选择材料所属类别，点击鼠标右键选择“保存工料机到该章节”（图 4-19），点击“确定”关闭窗口。

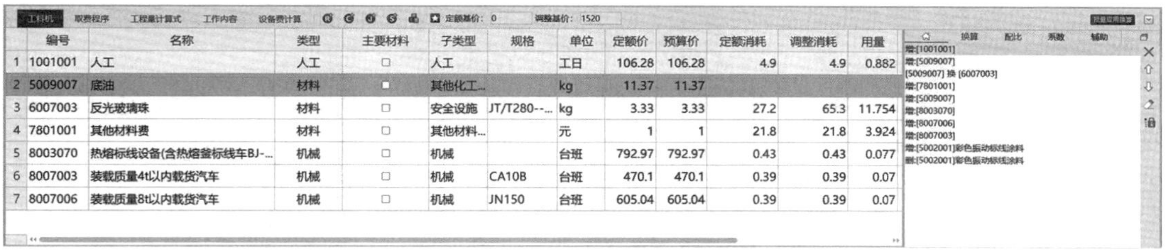

编号 名称 类型 主要材料 子类型 规格 单位 定额价 预算价 定额消耗 调整消耗 用量
1 1001001 人工 人工 人工 工日 106.28 106.28 4.9 4.9 0.882
2 5009007 底油 材料 其他化工... kg 11.37 11.37
3 6007003 反光玻璃珠 材料 安全设施 JT/T280-... kg 3.33 3.33 27.2 65.3 11.754
4 7801001 其他材料费 材料 其他材料... 元 1 1 21.8 21.8 3.924
5 8003070 热熔标线设备(含热熔釜标线车BJ-... 机械 机械 台班 792.97 792.97 0.43 0.43 0.077
6 8007003 装载质量4t以内载货汽车 机械 机械 CA10B 台班 470.1 470.1 0.39 0.39 0.07
7 8007006 装载质量8t以内载货汽车 机械 机械 JN150 台班 605.04 605.04 0.39 0.39 0.07

图 4-16　录入工料机信息示意图

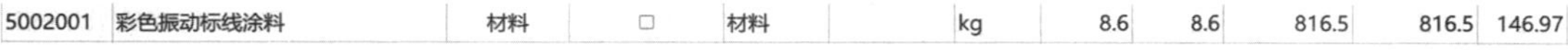

5002001 彩色振动标线涂料 材料 材料 kg 8.6 8.6 816.5 816.5 146.97

图 4-17　新增工料机信息示意图

5002001 彩色振动标线涂料
5009007 底油
6007003 反光玻璃珠
7801001 其他材料费
8003070 热熔标线设备
8007003 装载质量4t以
8007006 装载质量8t以
增加
删除
工料机替换
按编号排序
工料机反查
检查调整消耗为负
保存到我的工料机库
列显示/隐藏
导出表格为Excel
项目编码：LB-5-1-5-12 合价：0

图 4-18　保存工料机示意图 1

我的2018工料机库
我的2018工料机
人工
材料
单材
砂浆
混凝土
混合料
商砼及外购
机械
设备
修改名称
增加章节
删除
保存工料机到该章节
确定
取消

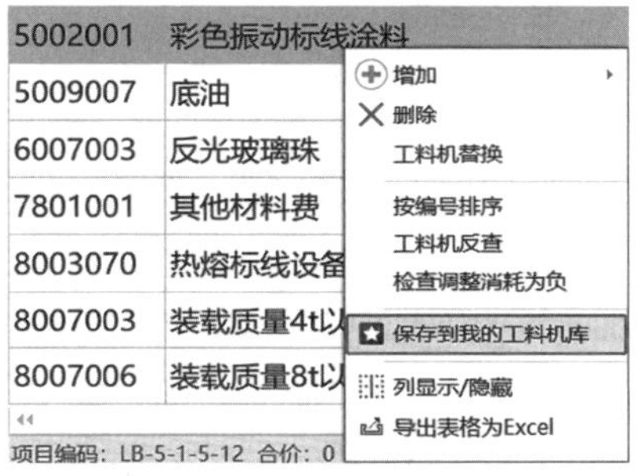

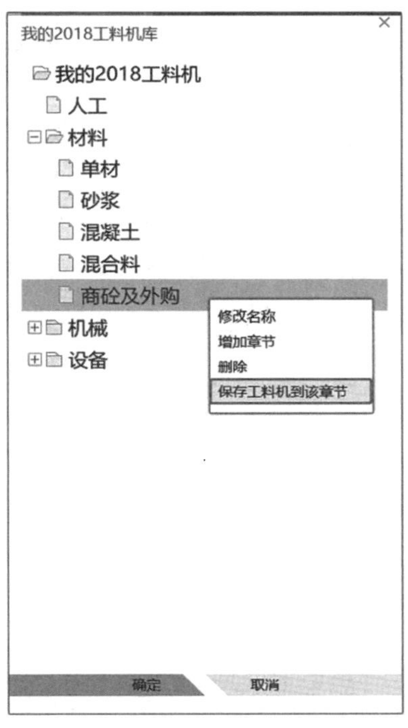

图 4-19　保存工料机示意图 2

注：新增工料机的编号须为7位数，第1、2位取相近材料的编号，第3、4位取偶数，第5、6、7位为顺序位。本项目需新增的工料机彩色振动标线涂料的相近工料机为5001760振动标线涂料，则新增工料机的编号为5002001。

⑤对补充定额进行保存：选定已经编制好的补充定额，点击鼠标右键选择"保存到"→"我的定额库"，如图4-20。

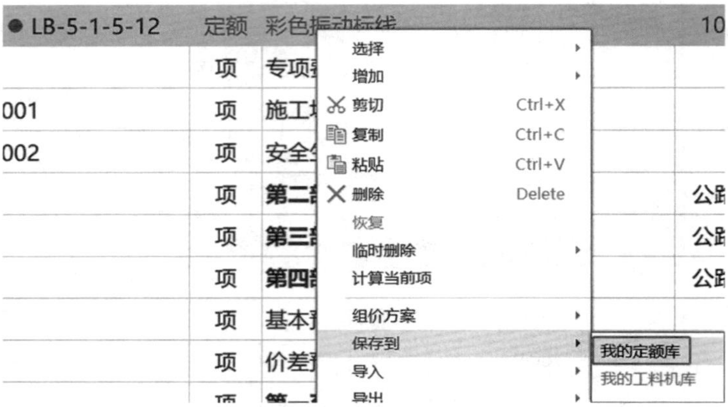

图4-20　保存到"我的定额库"示意图

2. 在"我的定额工料机库"中新增补充定额(新增工料机见步骤⑦)

①点击软件界面上方菜单栏的"云服务"，选择"我的定额工料机库"，如图4-21。

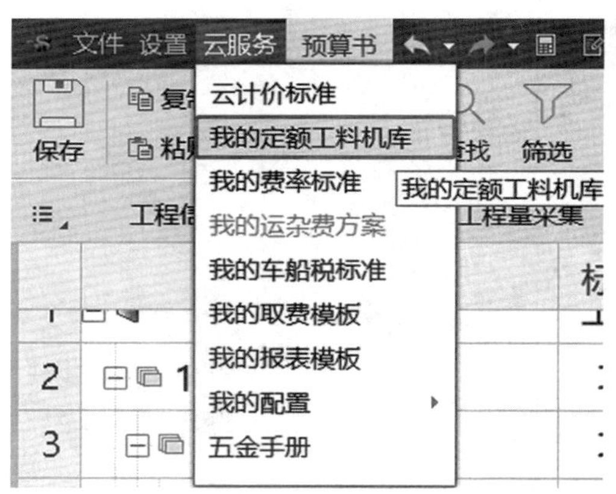

图4-21　选择"我的定额工料机库"

②在弹出的"我的定额工料机库"中，选择需要打开的定额库，如图4-22，勾选"我的2018定额库"前的方框，点击"打开"。(也可导入其他定额库，在其他定额库中新增补充定额。如需导出定额库则鼠标选中需导出的定额库将其导出软件。)

③在定额库界面中可以进行新增补充定额及新增工料机的操作，点击定额库界面上方的"定额""人材机"可进行切换，如图4-23。

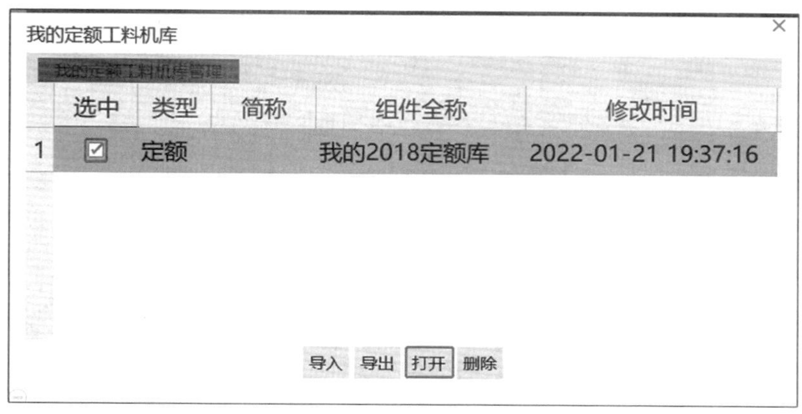

图 4-22　选择需打开的定额库

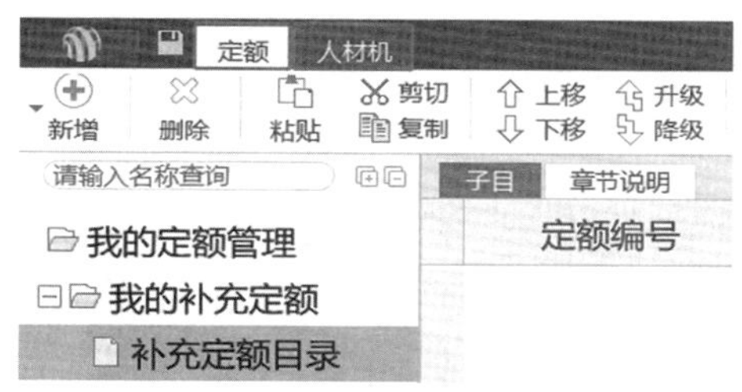

图 4-23　点击“定额”“人材机”进行切换

④点击定额库界面左侧“我的补充定额”前的“+”展开目录，点击鼠标右键选择“修改名称”，将其改为自定义名称，如“安全设施”，如图 4-24。也可点击鼠标右键选择“新增”或点击工具栏的 新增 图标，进行定额目录的新增。

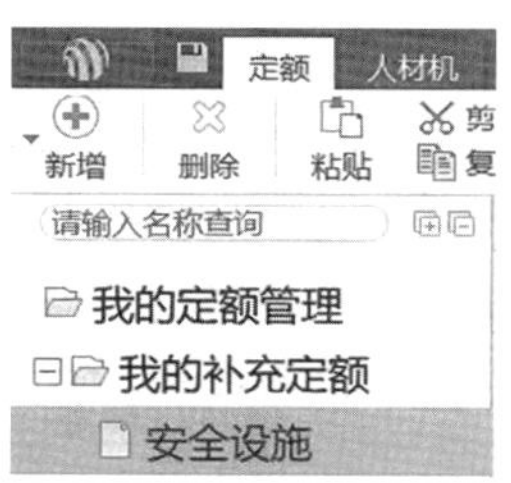

图 4-24　修改目录名称示意图

⑤在定额库界面右侧的“子目”窗口中点击鼠标右键，选择“新增”，系统将新增一条补充定额编辑栏，输入“定额编号”“名称”“单位”，如图 4-25。

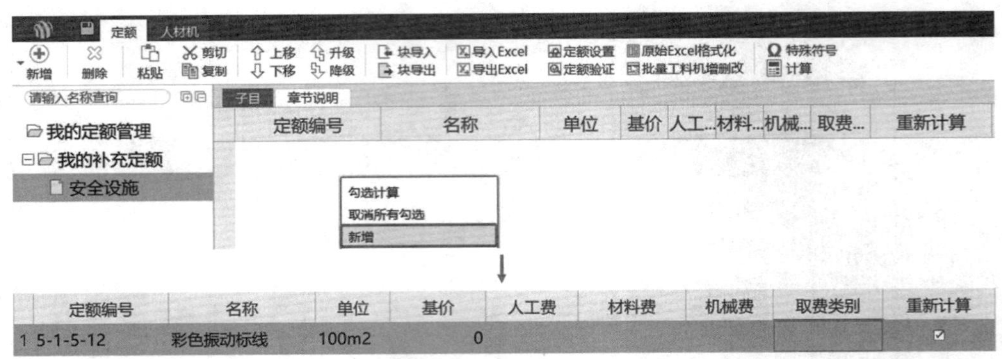

	定额编号	名称	单位	基价	人工费	材料费	机械费	取费类别	重新计算
1	5-1-5-12	彩色振动标线	100m2	0					☑

图 4-25　新增补充定额并录入相关信息示意图

⑥在定额库界面下方的“工料机”窗口中，点击鼠标右键选择“增加”，软件会自动添加一条工料机输入栏。将工料机的代号输入“代号”列，软件会自动套取对应工料机。在添加好的工料机的“数量”单元格中输入工料机的消耗量，软件将自动计算出新增补充定额的基价，并自动填写在“子目”窗口中的补充定额基价列，如图 4-26。

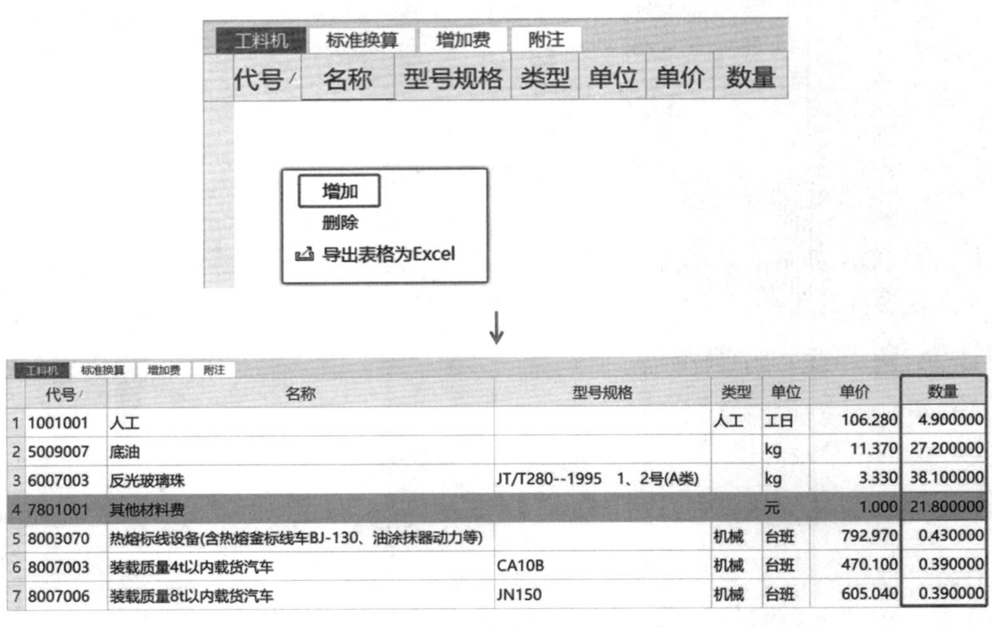

	代号	名称	型号规格	类型	单位	单价	数量
1	1001001	人工		人工	工日	106.280	4.900000
2	5009007	底油			kg	11.370	27.200000
3	6007003	反光玻璃珠	JT/T280--1995　1、2号(A类)		kg	3.330	38.100000
4	7801001	其他材料费			元	1.000	21.800000
5	8003070	热熔标线设备(含热熔釜标线车BJ-130、油涂抹器动力等)		机械	台班	792.970	0.430000
6	8007003	装载质量4t以内载货汽车	CA10B	机械	台班	470.100	0.390000
7	8007006	装载质量8t以内载货汽车	JN150	机械	台班	605.040	0.390000

图 4-26　录入工料机信息示意图

⑦若有材料需要新增，点击定额库界面上方的“人材机”，切换至“人材机”界面。在左侧窗口中确定新增材料所属的类别（如需增加“材料类别”，点击鼠标右键选择“新增”，输入类别名称），在右侧的工料机窗口中点击鼠标右键选择“增加”，输入新增材料的“代号”“名称”“单位”“单价”，如图 4-27。

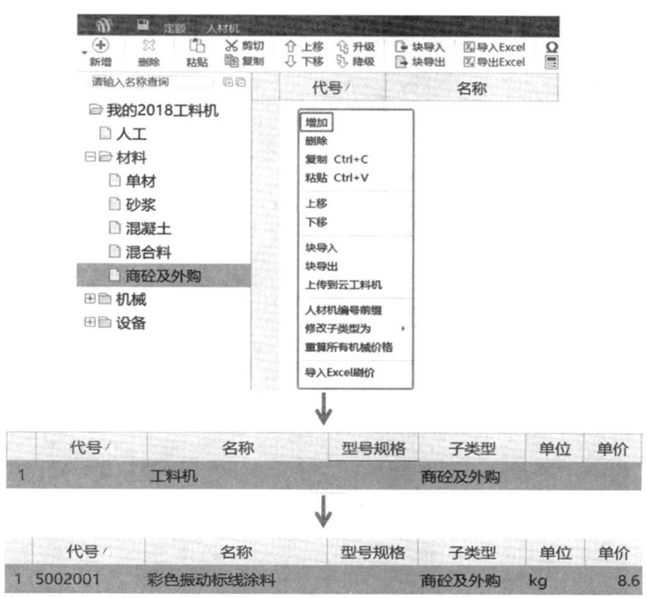

图 4-27　新增工料机示意图

使用新增材料：点击“定额”切换回定额库界面，在工料机窗口点击鼠标右键选择“增加”，在弹出的“选择工料机”窗口中，鼠标点击左上方的“工料机”下拉框进行工料机库的切换，选择材料所属类别，即可找到新增工料机，如图 4-28。

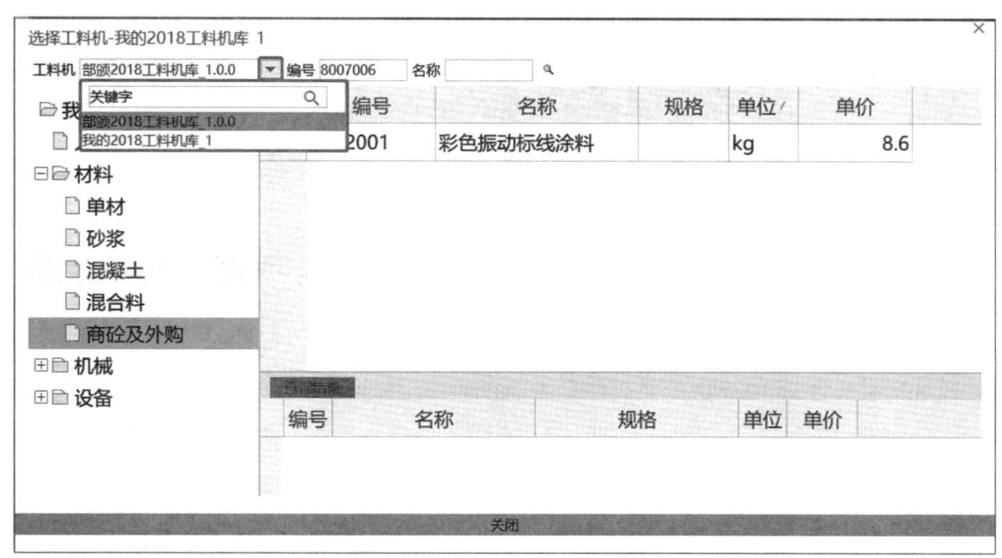

图 4-28　切换工料机库示意图

⑧关闭定额库界面，对操作进行保存，如图 4-29。

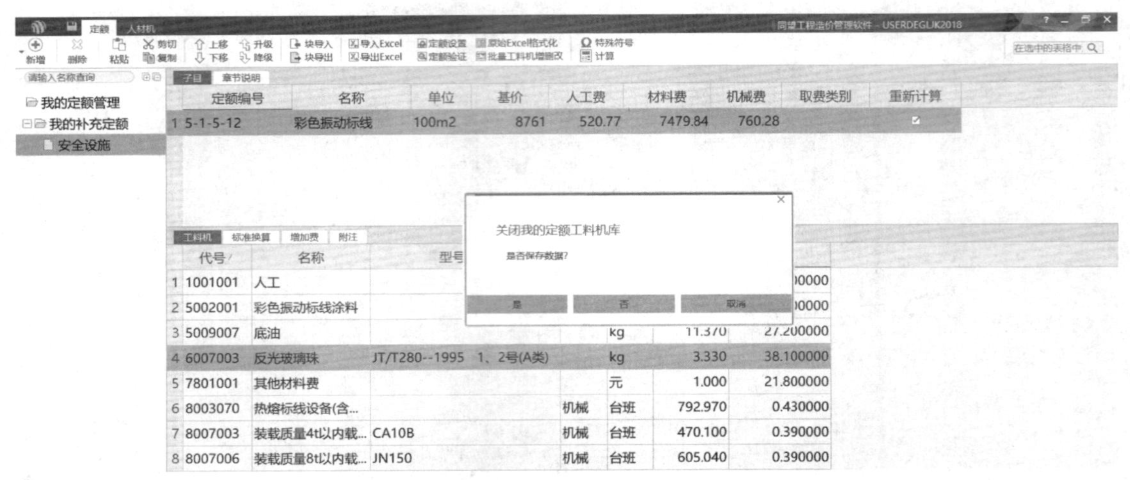

图 4-29　关闭定额库界面示意图

⑨在预算书界面选择需要添加补充定额的项，打开定额库，将定额库切换至补充定额所在的定额库“我的 2018 定额库_1”(如图 4-30)，即可找到新增的补充定额，双击鼠标左键进行添加。

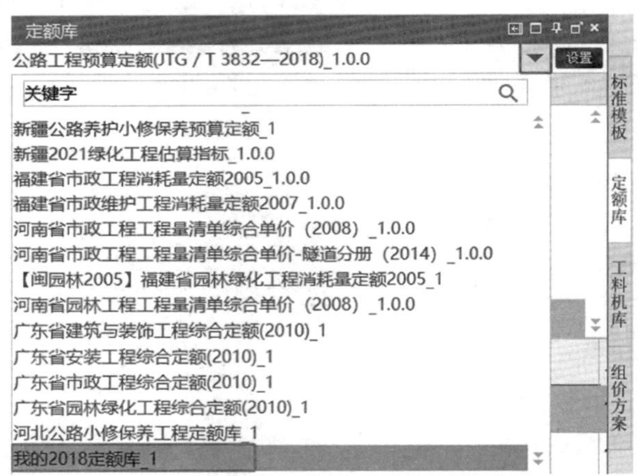

图 4-30　切换补充定额库示意图

⑩对添加好的补充定额的工程量进行完善，并选择正确的取费类别，如图 4-31。本项目应选择“08 构造物 3”。

编号	标识	名称	单位	工程量	工程量2	取费类别
● LB-5-1-5-12	定额	彩色振动标线	100m2			01.土方

图 4-31　完善补充定额的工程量、取费类别

4.5　项目：其他功能

在预算书界面对工程项目费用的计算除了套取定额进行组价外还可以采用计算项(数量×单价)或使用基数计价的方式进行费用的计算。本节介绍计算项及使用基数计价(包括建设期贷款利息)的操作技巧。

1. 计算项

计算项属于定额的同级项，是项目中的最低层次，可用于数量单价的计算，也可直接使用基数进行计算。

数量单价：选择需要计算的项，点击鼠标右键选择“增加”→“计算项”(图4-32)，输入“编号”“名称”“单位”“工程量”，然后根据项目要求在“人工单价”/“材料单价”/“机械单价”列输入相应单价，系统默认其取费类别为“不取费”。若该项中有其他不需要计算的费用，可直接在预算书窗口下的“取费程序”中勾选“不计”。(对于第二部分土地使用及拆迁补偿费，单价可直接在“综合单价”列中输入，系统自动不计利润税金。)

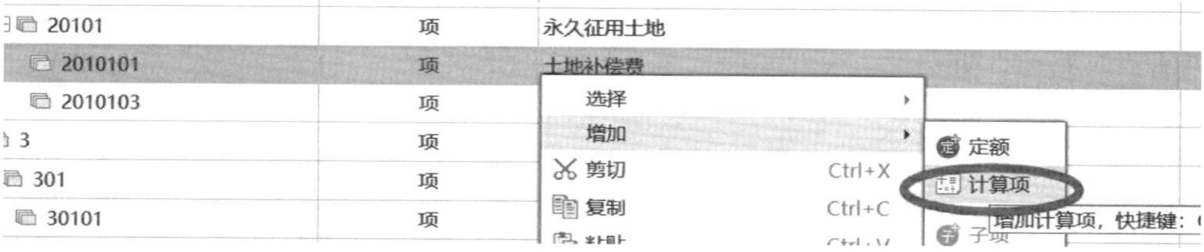

图4-32　增加计算项示意图

2. 使用基数计价

使用基数计价指通过编辑计算公式计算出工程费用。基数包括使用软件内置的预定义基数、自设计算基数(代号)两种。

针对需要使用基数计价的项，鼠标双击预算书界面该项“计算公式”单元格或点击“计算公式”单元格“..”按钮，打开“公式编辑对话框”。软件内置的预定义基数包括“参数”“费率”“费用”“函数”“宏”五类，其中“宏”选项卡内的预定义基数是系统已经内置好计算公式的基数，可直接选用并计算出费用(预定义基数计算出来的结果与工程属性所填内容相关)。

①使用预定义基数：如需计算工程监理费，鼠标在“宏”选项卡内双击“{部颁2018工程监理费}”取得基数，点击“确定”，系统将自动算出建设单位管理费，如图4-33。

②自设计算基数(或代号，即使用代号进行公式编辑)：对于系统中没有的计算基数，在预算书界面输入代号，则可将代号用于公式的编辑。如101-1-a建筑工程一切险，费用以“各章清单合计”扣除“保险费”为基数，按2.5‰计。在系统内置的预定义基数中有“第100章到第900章合计”的预定义基数，但是没有“保险费”的预定义基数，则需将“101-1保险费”设定为计算基数，在预算书界面“101-1保险费”项的“代号”单元格中输入自设代号，如“B11”，设定完成后在“101-1-a建筑工程一切险项”的公式编辑对话框内输入计算公式：({第100章到900章合计}-{B11})*0.25%，点击“确定”即完成费用的计取，如图4-34。(注：在编辑公式时使用的代号需用括号{}括住，软件方可识别。)

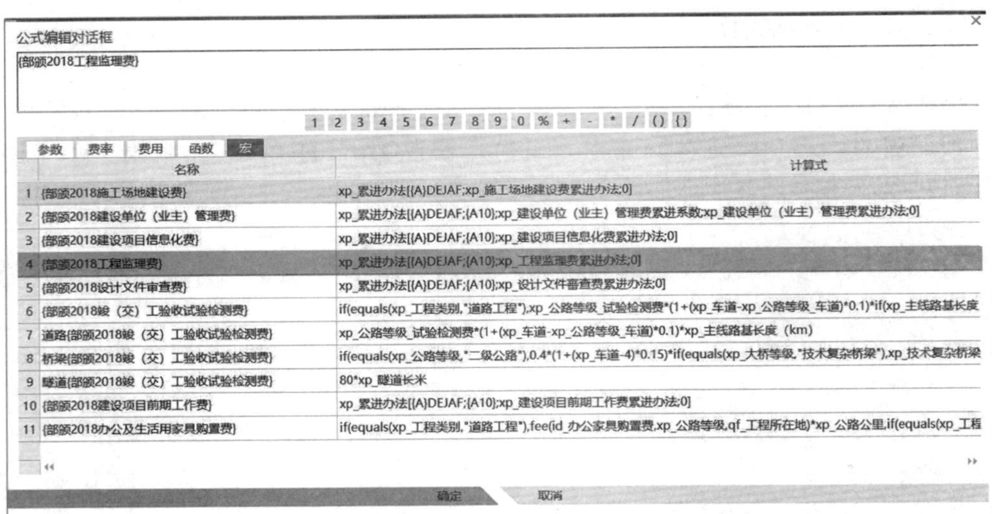

图 4-33　使用预定义基数示意图

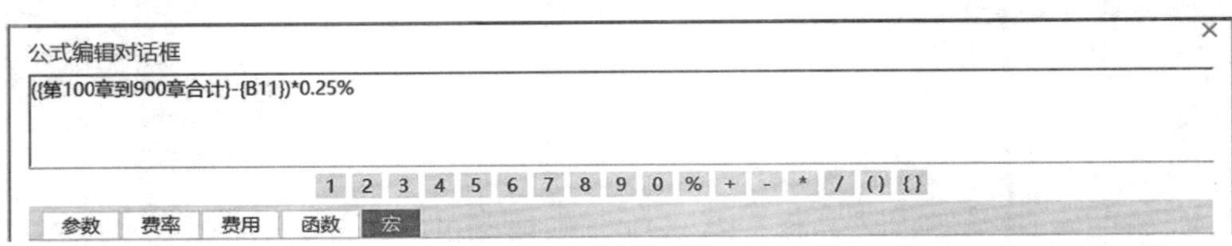

图 4-34　自设计算基数示意图

注：计算项若需使用基数计价的方式为在需要添加计算项的项目工程处点击鼠标右键，选择“增加”，点击“计算项”，在软件生成的栏中输入“编号”“名称”“单位”“工程量”，鼠标双击“计算公式”栏可以直接输入公式；或者点击..按钮，在弹出的“公式编辑对话框”中编辑公式。

3. 建设期贷款利息

建设期贷款利息的费用采用“使用预定义基数”计算的方式进行计取，它的预定义基数为“公式编辑对话框”中“函数”选项卡内包含的基数公式。软件提供四种基数计算模式：动态建息、年动态建息、建息、年建息，如图 4-35。其中动态建息和年动态建息主要针对有价格上涨风险因素的项目，按投资额比例进行贷款。

将鼠标放在任意一种基数公式上，系统会显示该种建设期贷款利息计算基数公式中各字母所代表的含义。鼠标双击任意基数公式取得基数后，将项目实际贷款费用、年限、年利率等信息代入公式中即可计算出费用。

“年动态建息和年建息”与“动态建息和建息”的区别在于“年动态建息和年建息”的贷款年需要单列，再分别对每个贷款年的“计算公式”列进行建设期贷款利息的计算；而“动态建息和建息”只需在建设期贷款利息项的“计算公式”列进行公式的编辑，即可计算出所有贷款年的总贷款利息。

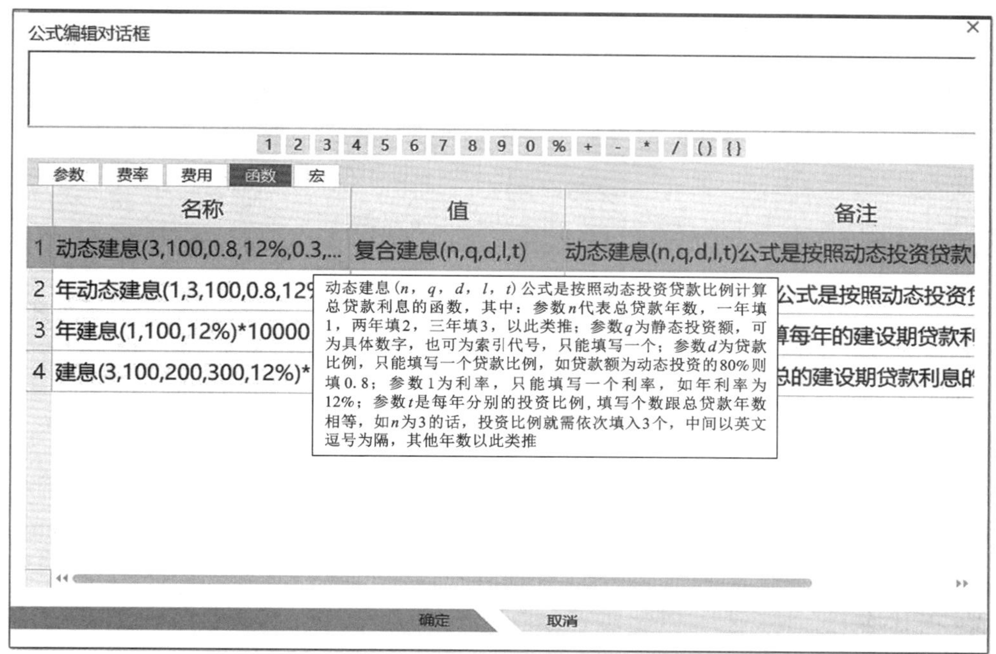

图 4-35　建设期贷款利息公式编辑对话框示意图

例：总贷款额 80 万元，年利率 6. 55%，贷 3 年，3 年的贷款比例为 40% ∶ 30% ∶ 30%，采用建息的方式计算建设期贷款利息。

在“公式编辑对话框”的“函数”选项卡内，鼠标双击选择建息公式[建息(3，100，200，300，12%) * 10000]，取得基数后，将公式中的“100”修改为第一年所需贷款额“32”，“200”修改为第二年所需贷款额“24”，“300”修改为第三年所需贷款额“24”，年利率“12%”修改为“6. 55%”，点击“确定”得到建设期贷款利息 87145. 55 元，如图 4-36。

编号	标识	名称	单位	工程量	工程量2	取费类别	合价	单价	人工...	材料...	机械...	设备单价	计算公式
6	项	建设期贷款利息	公路公里	3.37			87145.55	25859.21					建息(3,32,24,24,6.55%)*10000

图 4-36　使用建息公式计算建设期贷款利息示意图

若本例采用年建息，需先在预算书界面的“建设期贷款利息”项下建立三个子项，分别为“第一年”“第二年”“第三年”，接着对这三年分别进行年建息公式的设定：“(1，32，6. 55%) * 10000”“(2，24，6. 55%) * 10000”“(3，24，6. 55%) * 10000”，即可算出各年的建设期贷款利息，系统将把三年建设期贷款利息总额填在“建设期贷款利息”项的合价单元格中，如图 4-37。

编号	标识	名称	单位	工程量	工程量2	取费类别	合价	单价	人工...	材料...	机械...	设备单价	计算公式
6	项	建设期贷款利息	公路公里	3.37			87145.55	25859.21					
601	项	第一年	元				10480						年建息(1,32,6.55%)*10000
602	项	第二年	元				29506.44						年建息(2,24,6.55%)*10000
603	项	第三年	元				47159.11						年建息(3,24,6.55%)*10000

图 4-37　使用年建息公式计算建设期贷款利息示意图

任务 5　操作分摊界面

【项目信息】

本项目需对沥青砼拌和站进行分摊。设沥青砼拌和站 240 t/h 内 1 座，要求按沥青混合料用量比例将沥青砼拌和站的费用分摊至 309-1-a、309-2-a、309-3-a。

【问题引入】

1. 什么是分摊源？ ________________

2. 为什么要将分摊源的费用进行分摊？ ________________

3. 分摊三要素是什么？ ________________

【操作介绍】

1. 建立分摊源，计算分摊源费用。
2. 选择分摊步骤。
3. 选择分摊目标。
4. 确定分摊方式。

【任务要求】

根据项目工程内容在软件中完成分摊操作。

分摊

项目：分摊操作

1. 建立分摊源

在预算书中单列沥青砼拌和站的项，增列定额（或采取计算项的方式计取分摊源的费用），填写工程量，计算分摊源费用，如图 5-1。

⊞ 309-1	清单	细粒式沥青混凝土					
⊞ 309-2	清单	中粒式沥青混凝土					
⊞ 309-3	清单	粗粒式沥青混凝土					
⊟ 309-4	清单	沥青砼拌和站		座	1		
● 2-2-15-5	定额	生产能力240 t/h以内沥青混合料...		1座	1		06.构造物 I

图 5-1　建立分摊源

2. 执行分摊操作

①点击导航栏的"分摊"图标切换至分摊窗口，在左侧窗口中点击新增分摊步骤图标，或点击鼠标右键，选择"新增分摊步骤"，如图5-2。

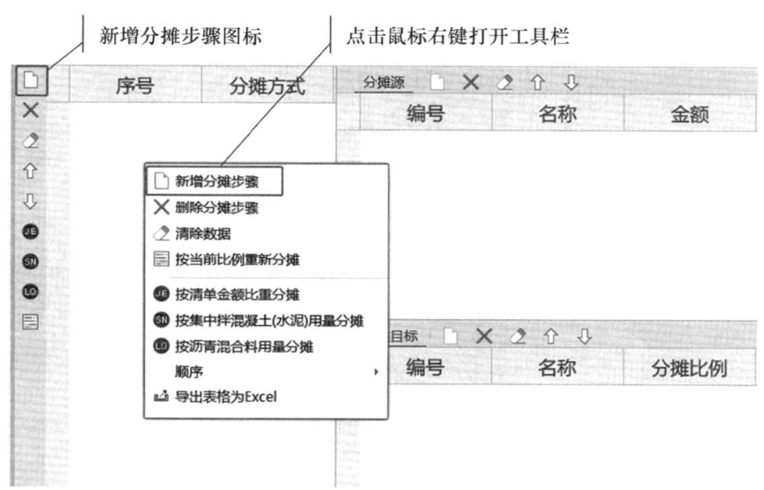

图5-2　新增分摊步骤

②新增分摊源：在右上方窗口中点击鼠标右键，选择"新增分摊源"，在弹出的窗口中勾选预算书中增列的分摊源——沥青砼拌和站，点击"添加选中"，如图5-3。

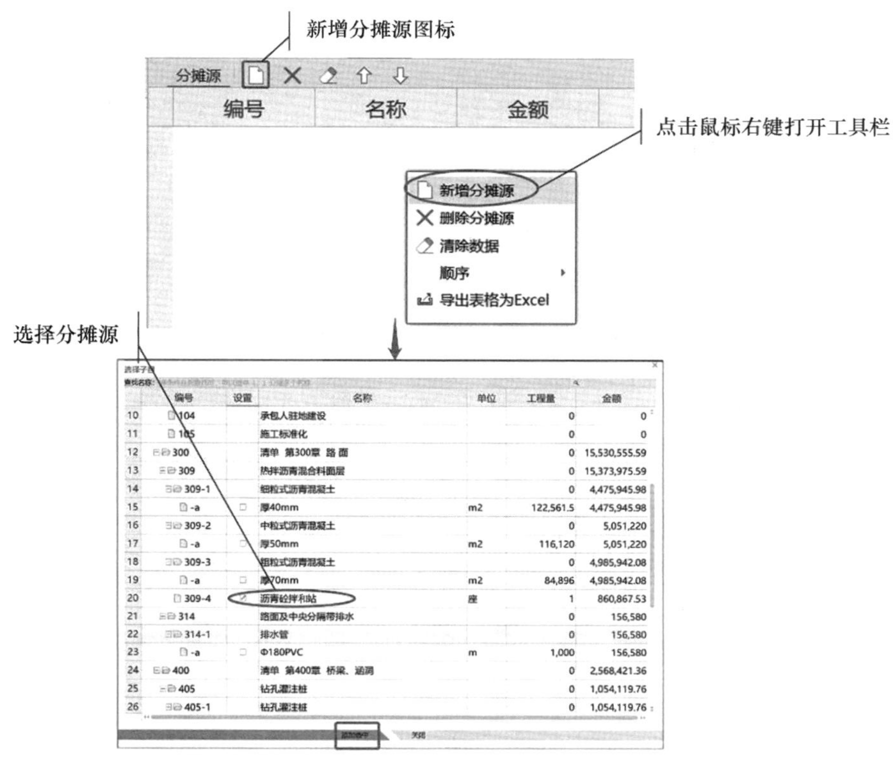

图5-3　新增分摊源

③选择分摊目标：在右下方窗口中点击鼠标右键选择“新增分摊目标”，在弹出的“选择子目”窗口中勾选分摊目标，点击“添加选中”，如图 5-4。

图 5-4　选择分摊目标

④进行分摊：在左侧窗口中点击鼠标右键选择“分摊方式”，完成分摊，如图 5-5。

分摊结果可在预算书界面中查看，如图 5-6。

若要取消分摊可返回分摊界面，在分摊步骤窗口选择需要取消的分摊源，点击鼠标右键进行删除，可选择删除某分摊步骤或者清除所有分摊数据，如图 5-7。

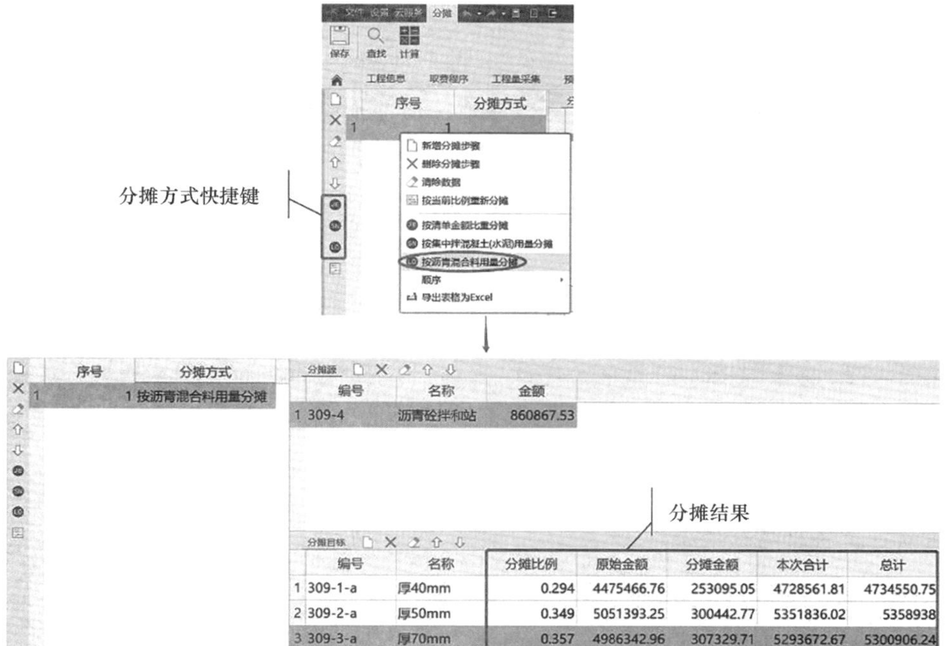

图 5-5 选择分摊方式

编号	标识	名称	项目特征	单位	工程量	工程...	取费类别	合价	综合单价	人工单价	材料...	机械...	设备单价	计算公式	代号	专项暂定	产生...	备注
309	清单	热拌沥青混合料面层						15394394.99		281205.04	101...	188...						
309-1	清单	细粒式沥青混凝土						4734550.75		83073.52	316...	555...						
-a	清单	厚40mm		m2	122561.5			4734550.75	38.63	0.68	25.82	4.54						分摊：(309-4)*29.4%
2-2-11-19	定额	生产能力240t/h以内设备拌和沥青混凝土混合料(细...		1000m...	4.9025		04.路面	4292043.17	875480.5	2497.73	627...	792...						
2-2-13-5	定额	装载质量12t以内自卸汽车运输沥青混合料第一个1k...		1000m3	4.9025		03.运输	40358.01	8232.13			649...						
2-2-14-48	定额	生产能力240t/h以内设备拌和，机械摊铺沥青混凝...		1000m...	4.9025		04.路面	143065.58	29182.17	1949.45		202...						
2-2-15-5	定额	生产能力240t/h以内沥青混合料拌和设备安装、拆除		1座	0.294		06.构造物Ⅰ	258890.01	880578.28	208405.48	297...	124...						
309-2	清单	中粒式沥青混凝土						5358938		97964.7	354...	657...						
-a	清单	厚50mm		m2	116120			5358938	46.15	0.84	30.55	5.67						分摊：(309-4)*34.9%
2-2-11-12	定额	生产能力240t/h以内设备拌和沥青混凝土混合料(中...		1000m...	5.806		04.路面	4835983.54	832928.62	2507.91	593...	792...						
2-2-13-5	定额	装载质量12t以内自卸汽车运输沥青混合料第一个1k...		1000m3	5.806		03.运输	47795.73	8232.13			649...						
2-2-14-47	定额	生产能力240t/h以内设备拌和，机械摊铺沥青混凝...		1000m...	5.806		04.路面	167613.97	28869.1	1837.8		201...						
2-2-15-5	定额	生产能力240t/h以内沥青混合料拌和设备安装、拆除		1座	0.349		06.构造物Ⅰ	307321.82	880578.28	208405.48	297...	124...						
309-3	清单	粗粒式沥青混凝土						5300906.24		100166.82	348...	675...						
-a	清单	厚70mm		m2	84896			5300906.24	62.44	1.18	41	7.96						分摊：(309-4)*35.7%
2-2-11-5	定额	生产能力240t/h以内设备拌和沥青混凝土混合料(粗...		1000m...	5.943		04.路面	4766951.99	802112.06	2518.09	567...	797...						
2-2-13-5	定额	装载质量12t以内自卸汽车运输沥青混合料第一个1k...		1000m3	5.943		03.运输	48923.53	8232.13			649...						
2-2-14-46	定额	生产能力240t/h以内设备拌和，机械摊铺沥青混凝...		1000m...	5.943		04.路面	170467.44	28683.74	1817.45		199...						
2-2-15-5	定额	生产能力240t/h以内沥青混合料拌和设备安装、拆除		1座	0.357		06.构造物Ⅰ	314366.44	880578.27	208405.48	297...	124...						
309-4	清单	沥青砼拌合站		座	1				860867.53	203740.5	291...	121...						已分摊，原费用：860867.53
2-2-15-5	定额	生产能力240t/h以内沥青混合料拌和设备安装、拆除		1座	1		06.构造物Ⅰ	860867.53	860867.53	203740.5	291...	121...						

图 5-6 预算书界面的分摊结果

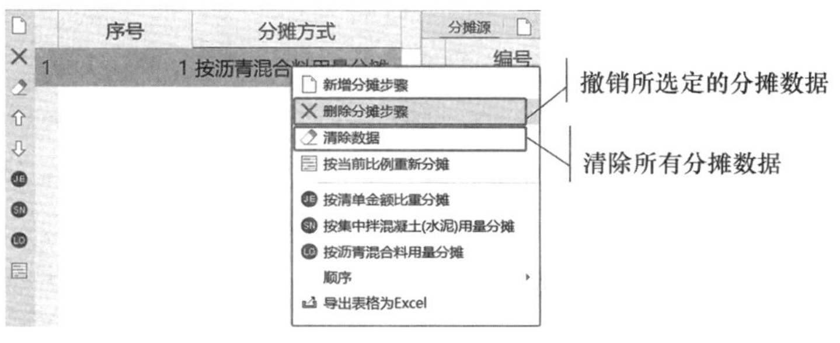

图 5-7 删除分摊步骤/清除数据示意图

任务 6　编辑工料机界面

6.1　项目：编辑工料机价格

【项目信息】

本项目人工(含机械工)预算单价 103.86 元，汽油预算单价 7.67 元，柴油预算单价 6.86 元。

【任务要求】

完成项目工料机部分的操作。

①点击导航栏的“工料机汇总”图标切换至“工料机汇总”界面。

②“工料机汇总”界面的右侧窗口中汇总了本项目用到的所有工料机信息，包括数量(即消耗量)、单价、合价信息。对于已知预算单价的材料，可直接在“单价”列的“预算价”单元格中进行输入，如图 6-1。

输入已知预算单价

图 6-1　录入已知预算单价示意图

注：同望软件提供刷价功能，点击鼠标右键可选择导入单价文件、导入 Excel 文件两种方式进行刷价。

如果材料的预算单价在“材料计算”窗口中已被计算或该项材料已被添加至“材料计算”窗口，则不能直接在“预算价”列中对其进行价格修改。如需修改其价格，应先在“材料计算”窗口中删除该项材料。

6.2　项目：计算材料单价

【项目信息】

1. 石油沥青

供应地点：工厂—工地；供应价格：3800 元/t；运输方式采用汽车，运距 10 km，运价 0.62 元/(t·km)，装卸费 4 元/t，装卸 1 次。

2. 片石

供应地点：料场—工地；自采方式：人工开采；自办运输：3 t 自卸汽车运输配 2 m^3 以内轮胎式装载机装车，运距 3 km。

【任务要求】

完成项目工料机部分的操作。

1. 计算石油沥青材料单价

①在工料机界面右侧的工料机窗口中找到需要计算的材料“石油沥青”，鼠标勾选材料左侧的计算框，点击“工料机汇总”界面左侧窗口的“材料”类别，软件将打开材料计算窗口，点击材料计算窗口上方的“原价运杂费”，切换至原价运杂费计算窗口/自采自办材料计算窗口，如图 6-2。

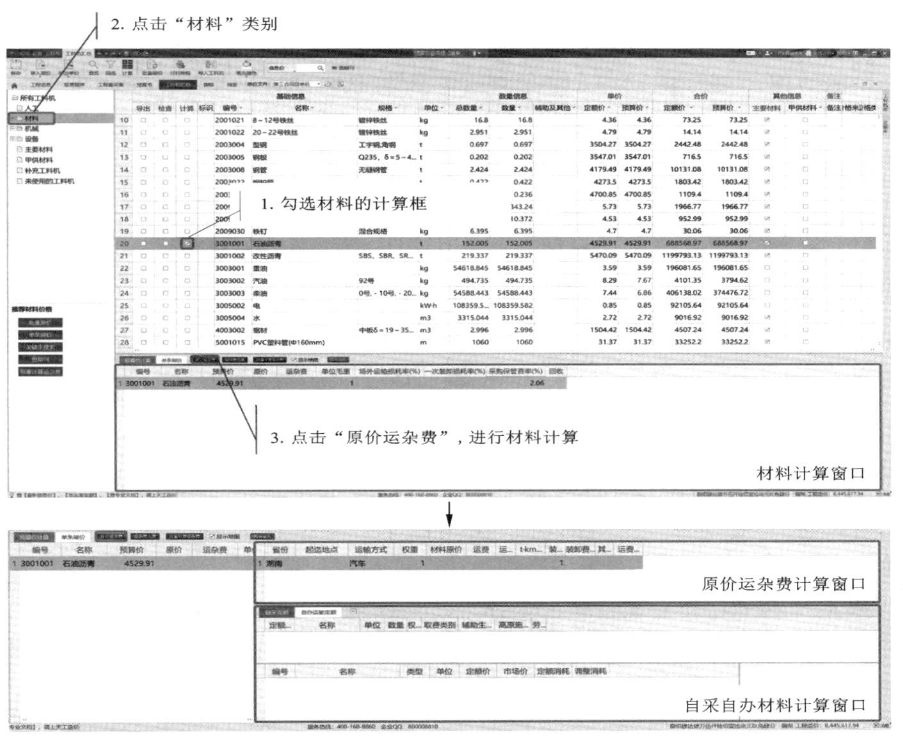

图 6-2　将材料添加至材料计算窗口示意图

②在原价运杂费计算窗口中，输入石油沥青的“起讫地点”“运输方式”“材料原价”“运距”“装卸次数”“装卸费单价”，软件会自动计算出材料价格 3888.69 元/t，如图 6-3。

图 6-3　石油沥青材料单价计算结果

2. 计算片石材料单价

①将片石材料添加至材料计算窗口，打开“原价运杂费”窗口。

②输入片石的运输“起讫地点”，选择“运输方式”为“自办运输”。

③计算材料原价：鼠标点击“自采定额”，在“自采定额”窗口空白处点击鼠标右键选择“增加”，在打开的“定额选择”窗口，双击或单击鼠标右键选择“添加选中行”添加材料自采定额，根据定额单位输入工程数量(计算材料单价的工程数量为 1，输入时需根据定额单位转换工程量)，得到片石的材料自采价格 33.41 元/t，如图 6-4。

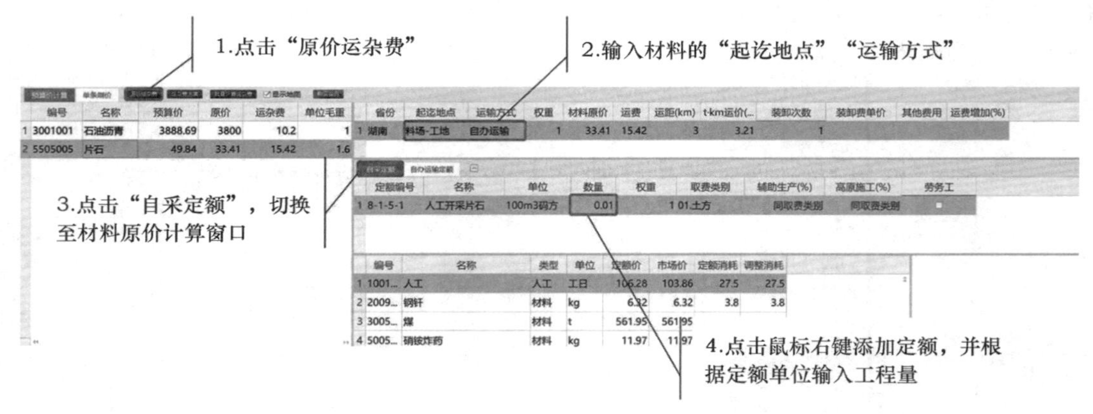

图 6-4　片石自采价格计算示意图

④计算材料自办运输价格：在②的基础上，在“运距”栏输入材料运距。点击“自办运输定额”，在“自办运输定额”窗口空白处点击鼠标右键选择“增加”，在“定额选择”窗口，双击或单击鼠标右键选择“添加选中行”添加材料运输定额，根据定额单位输入工程数量(计算材料单价的工程数量为 1，输入时需根据定额单位转换工程量)，得到片石的材料运费 15.42 元/t，如图 6-5。

⑤软件根据片石的材料自采价格、运费自动计算出片石的预算价为 49.84 元/t。

注：材料的自采价格与人工单价、取费费率相关；材料的自办运输价格与机械工、机械单价、取费费率相关。

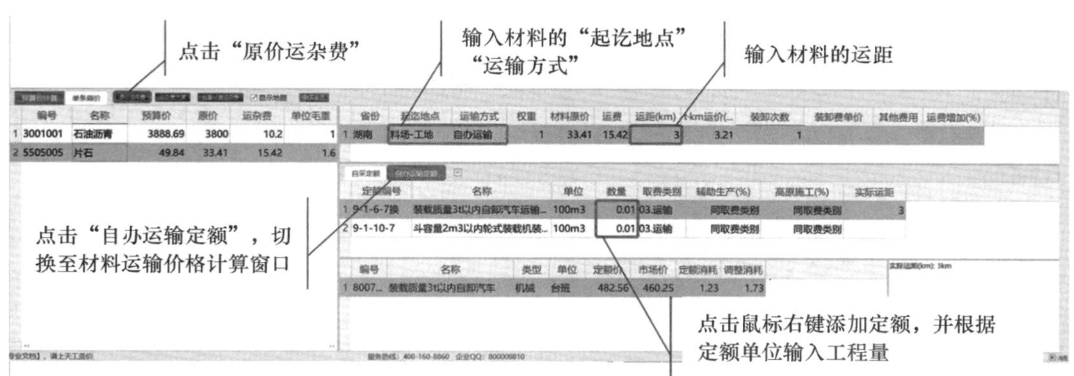

图 6-5　片石自办运费计算示意图

6.3　项目：编辑机械价格

【项目信息】

本项目机械工预算单价 103.86 元，汽油预算单价 7.67 元，柴油预算单价 6.86 元，车船税采用“湖南车船税标准(2012)2018 版”。

【任务要求】

完成机械价格的操作。

机械台班预算价格=可变费用+不变费用。可变费用由动力燃料消耗、人工费、车船税组成，因此，调整机械的单价，需先设置好机械工和各动力燃料的单价。

①在工料机界面将机械工预算单价 103.86 元、汽油预算单价 7.67 元、柴油预算单价 6.86 元分别输入工料机的预算单价单元格中。

②点击“工料机汇总”界面左侧窗口“机械”类别，打开“机械费计算”窗口，如图 6-6。

③单击鼠标左键选择“车船税”，根据项目要求选定车船税标准，系统后台将以选定的车船税标准重新计算机械预算单价，自动刷新机械预算单价。

注：机械台班费用，一般是根据机械台班费用定额，考虑柴油、重油、电等燃料和动力的预算价格，并加上相应的车船税进行计算得到。若要计算机械价格，则直接在“计算”栏勾选对应的机械；也可直接在预算价格栏中输入机械的预算价格即可。

根据财综〔2008〕84 号文件规定，自 2009 年 1 月 1 日起，在全国范围内统一取消公路养路费，故系统默认勾选“不计养路费”，即系统自动扣除该部分费用。

图 6-6 “机械费计算”窗口

6.4 项目：其他功能

在工料机界面点击鼠标右键弹出工具栏，工具栏有如下功能：

①“全选”：“全选”功能可选“全选导出”“全选检查”“全选计算”“全选不调价”“全选主要材料”。该功能主要是对各材料前面的“导出”“检查”“计算”“不调价”方框进行勾选，选择“全选”后，项目所有工料机都将被选择，然后进行导出、检查、计算、调价的相关操作。

②“反选”：若之前已经在一些材料前的方框中进行了勾选，此时点击“反选”，之前选中的材料将取消勾选，而之前未选中的材料此时将被勾选。

③“反查定额”：选中某条材料，点击鼠标右键选择“反查定额”，弹出“反查定额”窗口并显示与该条材料有关的项目信息和定额，如图 6-7。

④“材料除税”：若材料价格含税，可选择“材料除税”功能进行除税的操作；若需输入材料含税价格，可选择“恢复所有税率”，点击“恢复所有价格”，工料机窗口中的所有材料预算价将自动生成为含税后的价格，如图 6-8。

⑤“单价＊系数”：在某些特殊情况下，如项目所在地的要求或合同规定需进行工料机单价乘系数调整，可使用此功能。点击鼠标右键选择“单价＊系数”，软件会提供“全部工料机”“所选工料机”“当前节点工料机”三种选择，确定之后软件会弹出“材料单价系数”窗口(图 6-9)，根据要求填入系数，点击“确定”即可。

2009...	电焊条	结42...	kg	4.924	4.924	5.73	5.73	28.21	28.21	☑	☐	☐

2009...	螺栓
2009...	铁件
3001...	石油沥青
3003...	重油
3003...	汽油
3003...	柴油
3005...	电
3005...	水
4003...	锯材
5001...	塑料打孔波
5002...	Φ180PVC管
5501...	黏土
5503...	中(粗)砂
5503...	矿粉
5503...	路面用石屑

反查定额

编号 2009011 名称 电焊条 型号规格 结422(502、506、507)3.2/4.0/5.0 单位 kg

预算书

	编码	名称	单位	工程量	用量
1	1	第100章至第700章清单合计			4.924
2	400	清单 第400章 桥梁、涵洞			4.924
3	405	钻孔灌注桩			4.924
4	405-1	钻孔灌注桩			4.924
5	-a	陆上钻孔灌注桩			4.924
6	-1	直径φ1.5m	m	37.6	4.924
7	4-4-	回旋钻机陆地上钻孔(桩径150cm以内,孔深40m以内...	10m	0.48	0.528
8	4-4-	回旋钻机陆地上钻孔(桩径150cm以内,孔深40m以内...	10m	2.68	3.216
9	4-4-	回旋钻机陆地上钻孔(桩径150cm以内,孔深40m以内...	10m	0.6	0.84
10	4-4-	灌注桩检测管	1t	0.1	0.34

图 6-7 材料(电焊条)的有关项目、定额信息

材料除税 三部门公告2019年第39号

	☑	编号	名称	单位	类型	含税价(元)	税率(%)	不含税价(元)	除税状态	备注
1	☑	1503034	C30普通混凝土32....	m3	预算价	0	0	0		
2	☑	1503101	C25水下混凝土32....	m3	预算价	0	0	0		
3	☑	1505005	粗粒式石油沥青混...	m3	预算价	0	0	0		
4	☑	1505006	中粒式石油沥青混...	m3	预算价	0	0	0		
5	☑	1505007	细粒式石油沥青混...	m3	预算价	0	0	0		
6	☑	2001022	20~22号铁丝	kg	预算价	4.79	13	4.24		
7	☑	2003004	型钢	t	预算价	3504.27	13	3101.12		
8	☑	2003005	钢板	t	预算价	3547.01	13	3138.95		
9	☑	2003008	钢管	t	预算价	4179.49	13	3698.66		
10	☑	2003022	钢护筒	t	预算价	4273.5	13	3781.86		
11	☑	2003025	钢模板	t	预算价	5384.62	13	4765.15		

备注:软件默认参考税率,用户可根据实际情况自行修改。
不含税价(元)=含税价(元)/(1+税率(%)) 税率政策

☑显示未除税 ☑显示已除税

恢复所有税率 恢复所有价格 确认除税 取消

图 6-8 "材料除税"窗口

图 6-9 "单价 * 系数"调整窗口

⑥“原价=预算价”：如需将所有工料机的预算价恢复为原价(即定额价)，选择此功能即可恢复为默认值。

⑦“设置主要材料”“设置甲供材料”“设置工料机关联”：对所选工料机进行主要材料、甲供材料的设置，关联工料机。

⑧“替换工料机”：将选中的工料机替换为其他工料机，整个项目的该工料机都将替换为另一种工料机，且一旦替换，不可恢复。

⑨“合并选中工料机为”：选择工料机范围，将多个工料机合并为一个工料机，如图 6-10。如选择型钢、钢板、钢管三种材料，点击鼠标右键选择“合并选中工料机为”功能，可将三种材料合并为型钢或钢板或钢管，合并后凡是原先材料涉及的定额、工程，都将使用合并后的材料，此操作不可恢复。

图 6-10　合并选中工料机示意图

⑩“设为评标指定材料”：将选中的材料设为评标指定材料。

⑪“导入刷价”：通过能被软件识别的单价文件或 Excel 文件进行刷价处理。

⑫“导出单价”：设定材料预算价后，可将此项目的单价文件导出，用于其他项目工料机处理。

⑬“保存到我的工料机库”：将选中工料机保存到“我的工料机库”。

⑭“上传到云工料机”：将选中的工料机上传到云端保存。

⑮“列显示/隐藏”：对工料机界面进行显示设置。

任务7　操作调价界面

【问题引入】

1. 什么是调价？ ____

2. 为什么要进行调价？ ____________________________________

3. 什么是正向调价？ ______________________________________

4. 软件是如何进行反向调价的？ ______________________________

【任务要求】

完成项目调价的操作。

7.1　项目：正向调价

调价

【项目信息】

本项目要求通过调整人工、材料、机械的消耗量来进行调价操作，调整系数为0.878。

【操作介绍】

正向调价通过设置人工、材料、机械、费率、单价的调价系数得到调整后报价，即各项工程与各自设定的调整系数相乘。

【任务要求】

根据项目信息采用正向调价方式完成项目调价的操作。

①点击导航栏“调价”图标，切换到“调价”界面，如图7-1。

②选择调价范围。若有不参与调价的项目，则在“不调价”框中进行勾选。

③设置调价系数。如本项目设定人工、材料、机械的调价系数均为0.878，则在“人工”“材料”“机械”列中的相应空格内分别输入调价系数。

如需调整费率、单价，则在对应列输入相应调价系数。人工、材料、机械、费率、单价的调价系数可以同时起作用。

④点击“正向调价”，软件自动计算出调整后报价。

2.点击“正向调价”

1.正向调价“调价系数”输入列

3.系统根据调价系数计算出调整后报价

	编号	名称	不调价	单位	工程量	调价系数 人工	材料	机械	费率	单价	调前报价 综合单价	金额	目标报价 综合单价	金额	差额 单价差额	合价差额	产生单价分析表	备注
1		第1合同段				0.878	0.878	0.878				20469999.6		17972795.53		-2497204.07		
2	1	第100章至第700章合计										20469999.6		17972795.53		-2497204.07		
3	100	清单 第100章 总 则										[illegible]		[illegible]		[illegible]		
4	101	通则										[illegible]		[illegible]				
5	101-1	保险费										[illegible]		[illegible]				
6	-a	按合同条款规定，提供建筑工程一切险		总额	1							[illegible]	684677.93	[illegible]				
7	-b	按合同条款规定，提供第三者责任险		总额	1						194952.38	194952.38	171169.48	171169.48	-23782.9	-23782.9		
8	103	临时工程与设施										983487.44		863512.35		-119975.09		
9	103-1	临时道路修建、养护与拆除（包括原道路的养护）		总额	1	0.878	0.878	0.878			983487.44	983487.44	863512.35	863512.35	-119975.09	-119975.09		
10	104	承包人驻地建设																
11	105	施工标准化																
12	300	清单 第300章 路 面										15885010.47		13947768.77		-1937241.7		
13	309	热拌沥青混合料面层										15724840.47		13807138.77		-1917701.7		
14	309-1	细粒式沥青混凝土										4836276.79		4246755.97		-589520.82		
15	-a	厚40mm		m2	122561.5	0.878	0.878	0.878			39.46	4836276.79	34.65	4246755.98	-4.81	-589520.82		分摊：(309-4)*29...
16	309-2	中粒式沥青混凝土										5473896.8		4806206.8		-667690		
17	-a	厚50mm		m2	116120	0.878	0.878	0.878			47.14	5473896.8	41.39	4806206.8	-5.75	-667690		分摊：(309-4)*34...
18	309-3	粗粒式沥青混凝土										5414666.88		4754176		-660490.88		
19	-a	厚70mm		m2	84896	0.878	0.878	0.878			63.78	5414666.88	56	4754176	-7.78	-660490.88		分摊：(309-4)*35...
20	309-4	沥青砼拌合站		座	1	0.878	0.878	0.878			880578.27		773151.67		-107426.6			已分摊，原费用：...

图 7-1　正向调价的操作示意图

7.2　项目：反向调价

【项目信息】

本项目第 100 章至第 700 章的清单目标价为 2000 万元，要求反调消耗，计算出调整后报价。

【操作介绍】

反向调价是根据设定的目标金额反算出调价系数，通过系统后台计算得到调整后报价。

【任务要求】

根据项目信息采用反向调价方式完成项目调价的操作。

①点击导航栏“调价”图标，切换到“调价”界面。

②选择调价范围。若有不参与调价的项目，则在“不调价”框中进行勾选。

③反向调价设置如图 7-2。

“合价误差范围”：调整调价精度，系统默认为 10.0。数值越小，精度越高。

“最大运算次数”：软件进行调价运算的次数，系统默认为 100。

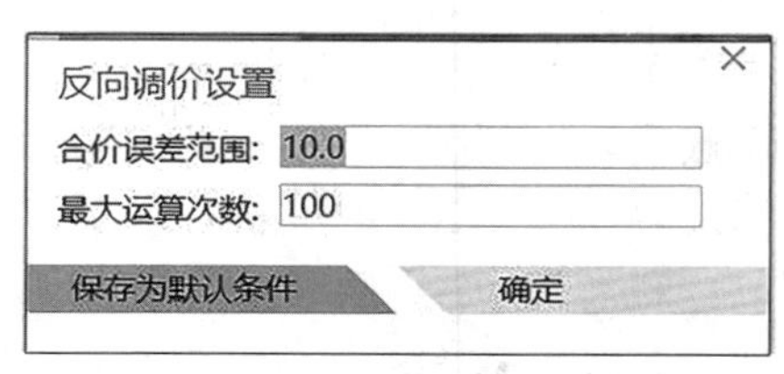

图 7-2　“反向调价设置”窗口

④在目标报价金额列输入目标金额。若是已知目标综合单价，则在“综合单价”列输入目标综合单价。

⑤根据项目要求，确定反向调价类别(消耗、费率、单价)。本项目根据项目信息要求选择“反调消耗”(工料机可组合选择，本项目工料机都参与调整)，软件自动反算出调价系数并在后台计算得到调整后报价，如图 7-3。

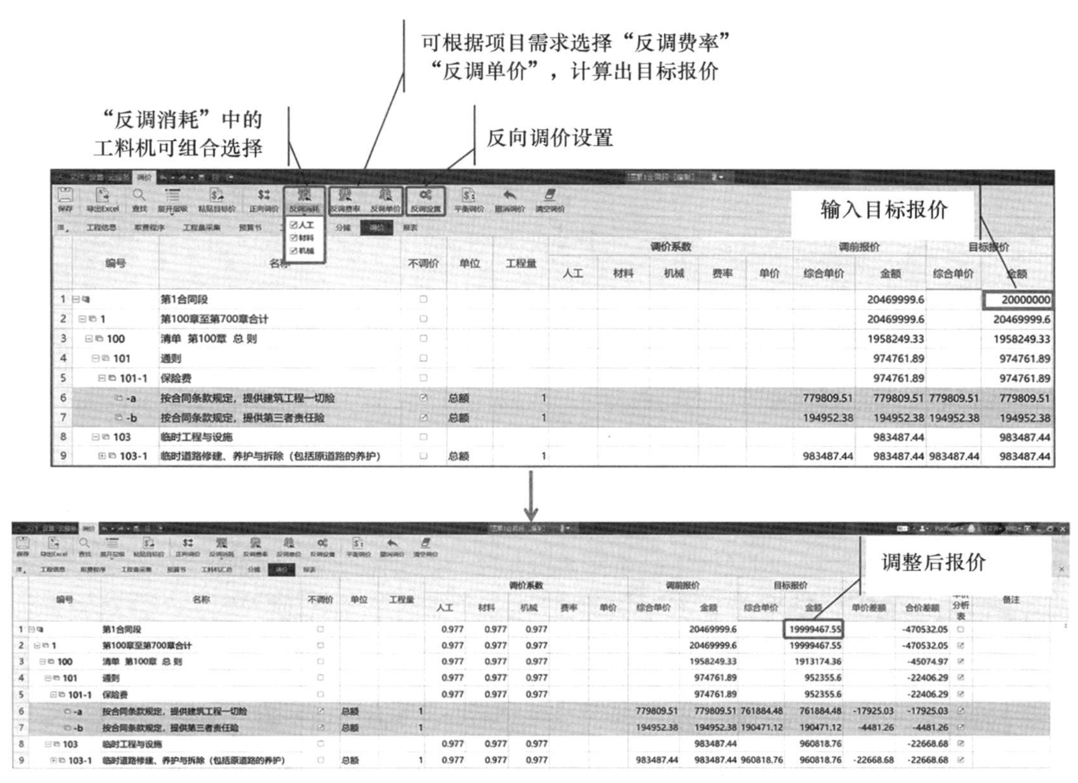

图 7-3　反向调价的操作示意图

注：有时一个项目中有多项工程都有反向目标价，可通过点击鼠标右键选择“粘贴调价目标”，将 Excel 表格中的综合单价或金额复制到软件中，完成目标报价的设置。

任务 8　报表编辑与打印

【操作介绍】

打开报表界面：鼠标点击导航栏的“报表”图标，切换至报表界面。

【任务要求】

熟悉了解报表界面的操作，掌握导出报表的方法。

8.1　项目：报表编辑

1. 查看报表

报表界面的左侧窗口为文件目录窗口，显示了项目工程的造价文件编制类型应生成的所有报表。可单击鼠标左键选择任意报表，选中的报表文件内容将出现在报表界面的右侧窗口中，如图 8-1。

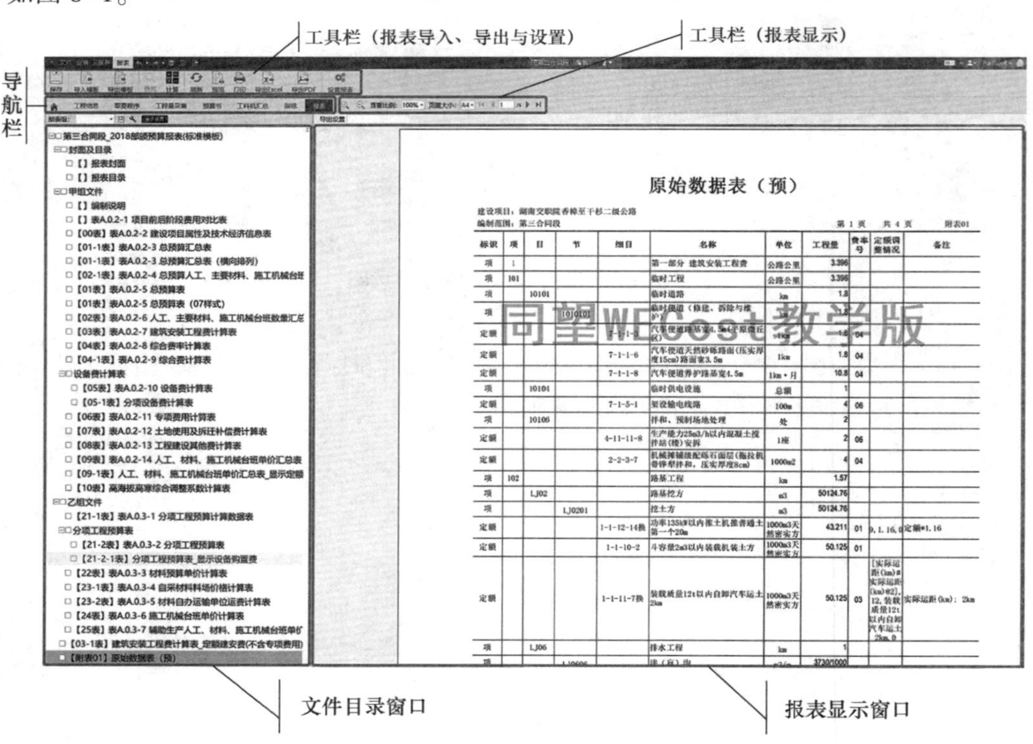

图 8-1　报表界面

2. 设置报表

鼠标点击工具栏的“设置报表”图标，可对报表的数据、页面、页码进行相应设置。设置后点击“确定”进行保存，若需取消则选择“恢复默认设置”，如图 8-2～图 8-5。(“设置报表”窗口中“说明与帮助”选项卡对报表的设置进行了详细介绍。)

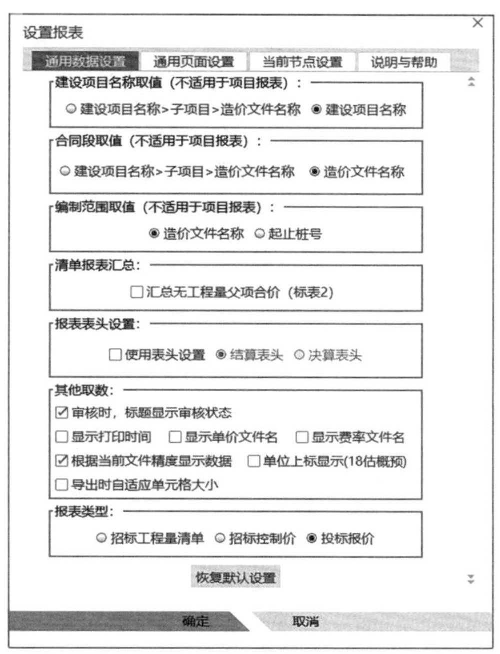

图 8-2 “通用数据设置”选项卡

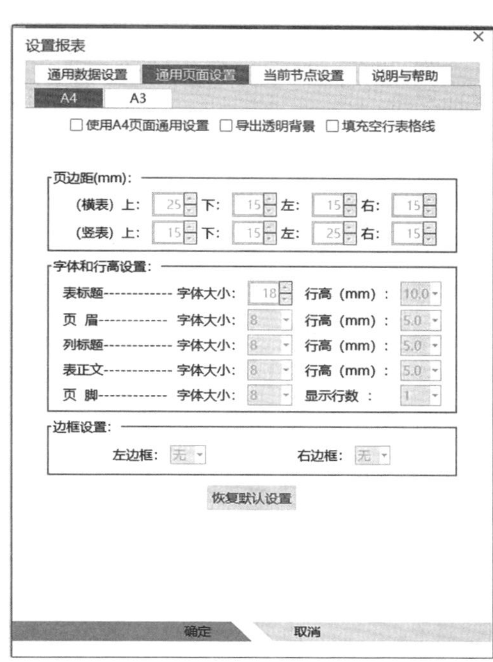

图 8-3 “通用页面设置”选项卡

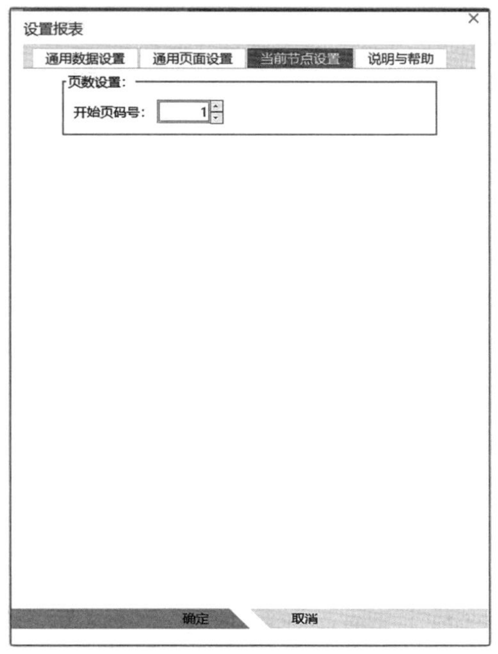

图 8-4 “当前节点设置”选项卡

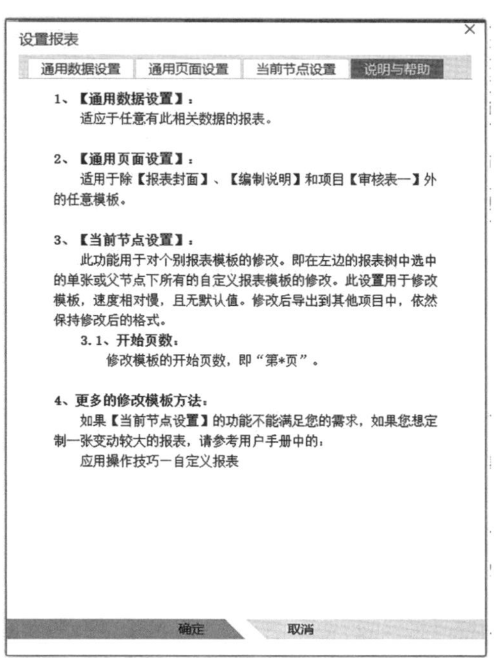

图 8-5 “说明与帮助”选项卡

8.2　项目：报表打印

1. 输出报表

输出报表即报表导出，软件提供两种导出格式：Excel 和 PDF。

①勾选报表输出范围：在报表界面左侧的文件目录窗口中选中需要输出的报表文件，点击鼠标左键勾选文件左侧的方框。若需导出整个项目工程的报表，则直接勾选项目工程的父项方框。

②选择导出格式：如需导出 Excel 报表格式，鼠标点击工具栏的 导出Excel，弹出“批量导出报表选项”对话框(图 8-6)，可选择将多个报表导出到同一个 Excel 文件中，也可以选择将每张报表分别导出到各自的 Excel 文件中。“导出指定页”仅针对单独的报表文件，可选择仅导出其中部分页的报表。导出 PDF 报表格式的方式同导出 Excel 报表格式。

③输出报表：在设定好报表导出格式后，鼠标点击“确定”，在弹出的“保存”窗口中，选择保存路径，即完成报表的输出。

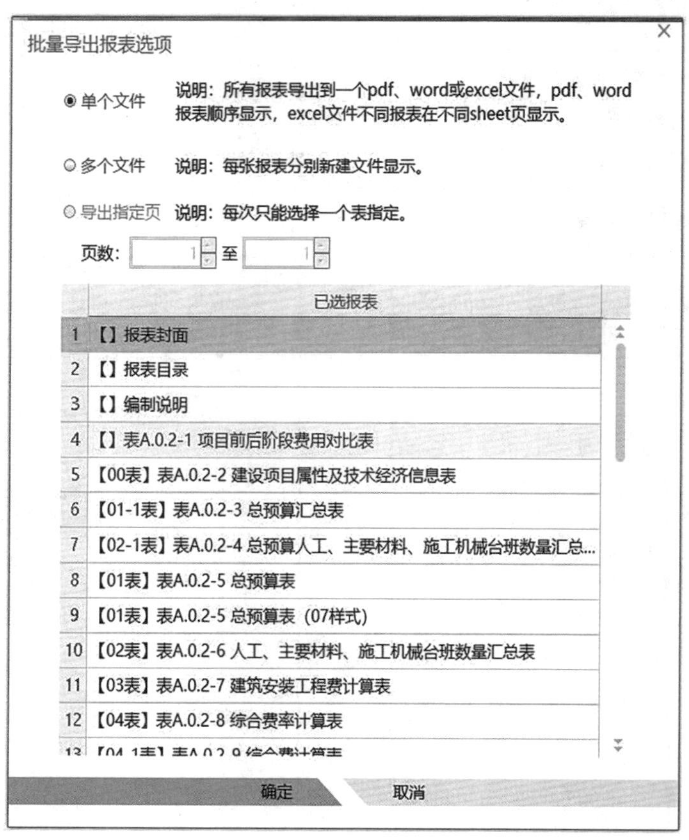

图 8-6　“批量导出报表选项”对话框

2. 打印报表

若需在软件中打印报表，鼠标选择需打印的报表文件，点击 预览 对报表进行查看。在“查看报表”窗口鼠标点击左上角的打印图标，即进行打印操作；也可直接点击工具栏的 打印 图标，便可打印，如图 8-7。

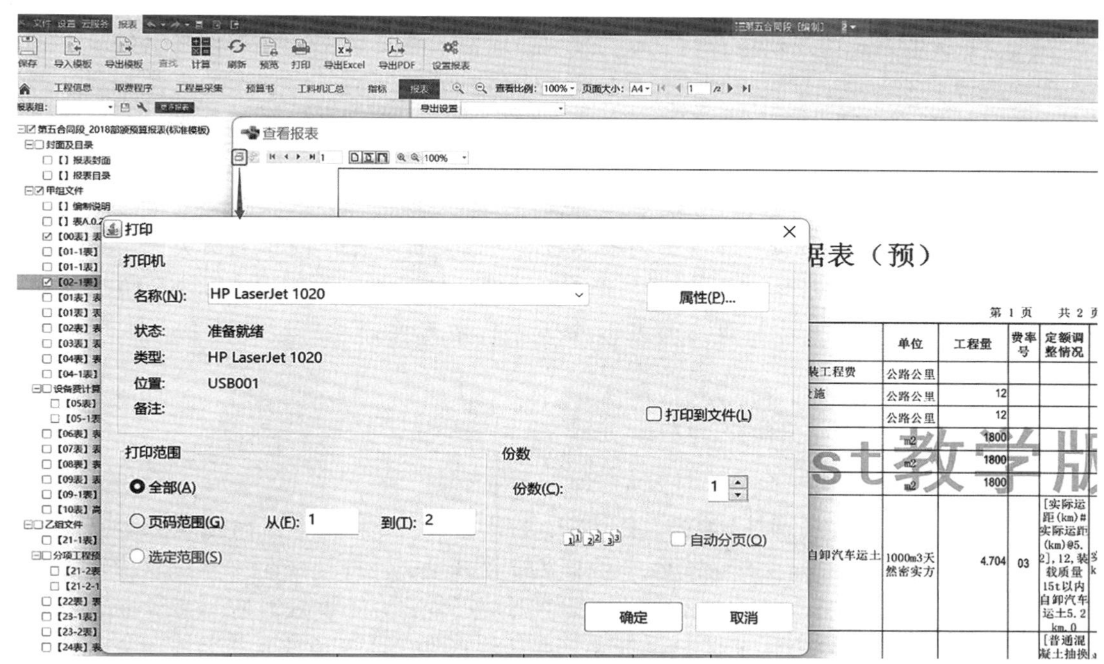

图 8-7　打印报表示意图

3. 导出/导入报表模板

导出模板，即将已经设置好的报表模板格式导出保存；导入模板，即将可用的报表模板格式导入软件并运用在现有的报表文件格式上。鼠标选择 导入模板 导出模板 图标即可进行相关操作。

思政课堂

思政元素：精打细算，崇法诚信

在工程项目估算、概算、预算、结算、决算、投标报价等阶段，计算的准确性、合理性都直接影响造价文件的费用及各方的经济利益，对工程建设的质量、工期、费用控制都有决定性的作用，并影响到施工组织设计的编制与实施。面对工程建设中的各类经济纠纷，应依法开展工程造价职业活动。作为从事工程造价的人员，应熟知不同工程阶段的费用构成、计算程序、编制内容，坚持专注进取、精打细算、崇法诚信、严谨认真的职业品格，培养精益求精、追求卓越的工匠精神。

案例描述1：某工程造价师在施工招投标过程中，发现有竞争对手利用关系行贿，试图获得合同。该工程造价师向上级主管部门举报了此事。最终，该竞争对手因违反招投标规则被取消了招投标资格，而该工程造价师因展现了高尚的道德品质，受到了公司的表扬和嘉奖。

思考题：你认为在工程造价行业中，诚信和正直对职业生涯的影响有哪些？如何保持高尚的职业道德？

案例描述2：鸟巢造价高达34亿，之所以造价比较高，是因为鸟巢的建筑选材使用钢材料比较多，而且在建设过程中许多技术难点非常难以攻克，提升了成本。在此情形下，鸟巢大规模应用了国产建筑模板及钢材用料，压低了采购成本，同时也对国产厂商提出了高标准高要求，促进了相关企业的技术提升和研发。鸟巢的建设抛弃了传统意义的支撑立柱，而大量采用由钢板焊接而成的箱形构件。由于鸟巢建筑使用材料的特殊性，人们对鸟巢建筑基座的搭建提出了更高的要求。而建筑基座的搭建，离不开建筑模板的选择。经过对比了钢模板、铝模板、塑料模板、胶合木板、清水模板等多种材质的建筑模板优缺点，最终选用了清水模板。清水模板的使用降低了施工成本、加快了施工进度、保障了鸟巢建筑基座的质量，其承受着鸟巢外部超过4.2万吨重的钢结构，让整个鸟巢主体结构设计得以完成。

思考题：作为造价工程师，你认为项目工程的造价费用与哪些因素有关？如何在从事造价文件编制工作时发挥工匠精神？

案例描述3：某施工项目在进行中，由于工期延误，导致了业主的经济损失和工人的工资拖欠。工程造价师在该项目中负责成本控制和预算分析工作，他意识到工程管理方面存在问题，并积极与项目经理沟通、协调，最终解决了工期问题和工人工资拖欠问题，保证了项目的顺利进行。

思考题：你认为工程造价师应具备怎样的社会责任感？如何在工作中落实社会责任？

模块二　纵横公路工程造价管理软件应用

纵横公路工程造价管理软件编制操作流程如下。

1. 概预算编制流程

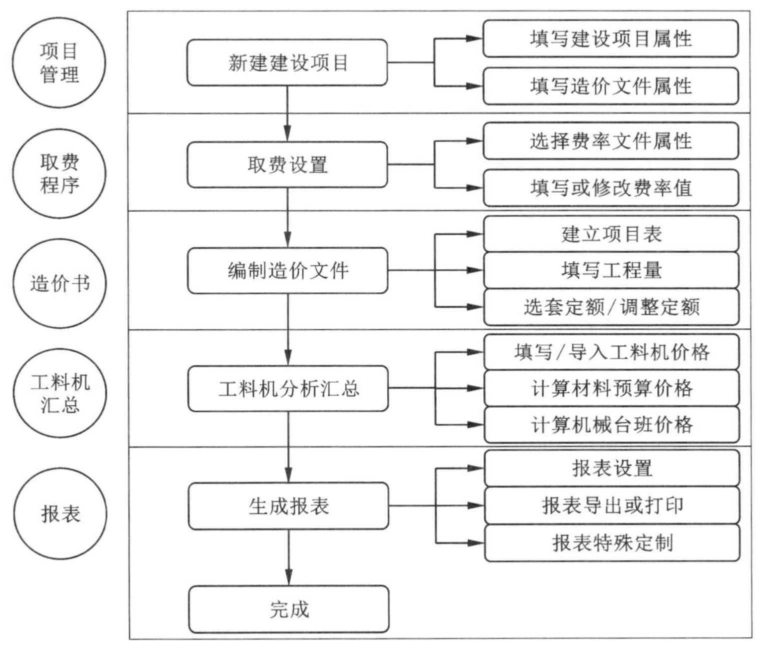

2. 清单预算编制流程

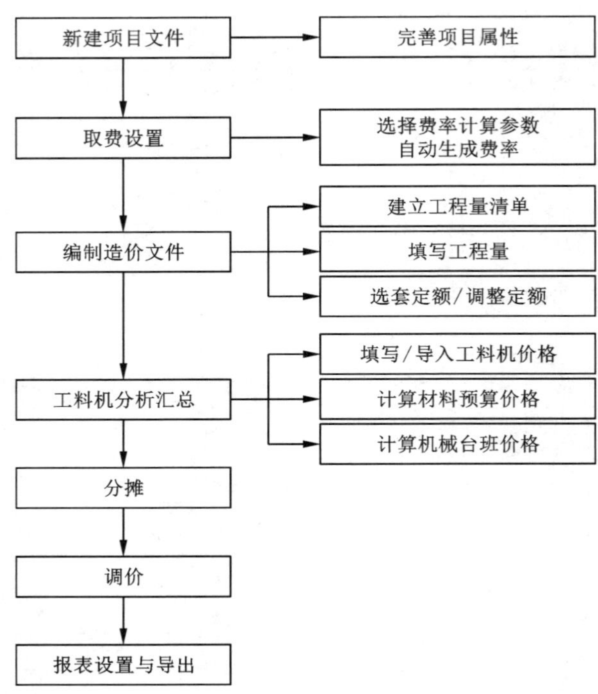
新建项目文件
完善项目属性
取费设置
选择费率计算参数
自动生成费率
编制造价文件
建立工程量清单
填写工程量
选套定额/调整定额
工料机分析汇总
填写/导入工料机价格
计算材料预算价格
计算机械台班价格
分摊
调价
报表设置与导出

任务 9　各操作界面简介

【任务要求】

了解、熟悉纵横公路工程造价管理软件各操作界面。

1. 项目管理界面

项目管理界面是打开软件后的初始界面，包括项目管理窗口和属性窗口(图 9-1)。

作用：项目管理界面可对各个项目的造价编制文件进行管理，如新建、删除、导入、导出，查看和编辑项目的费用、属性等信息。

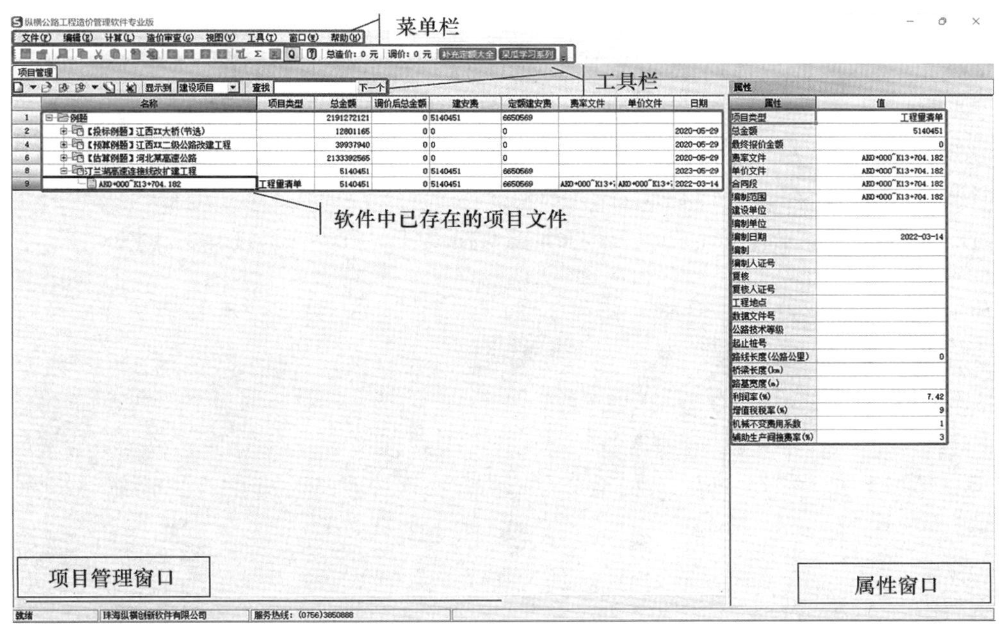

图 9-1　项目管理界面

2. 造价书界面

作用：查看或进行造价文件的编制。

操作：鼠标选中任意分段文件，双击即可打开造价书界面(图 9-2)。

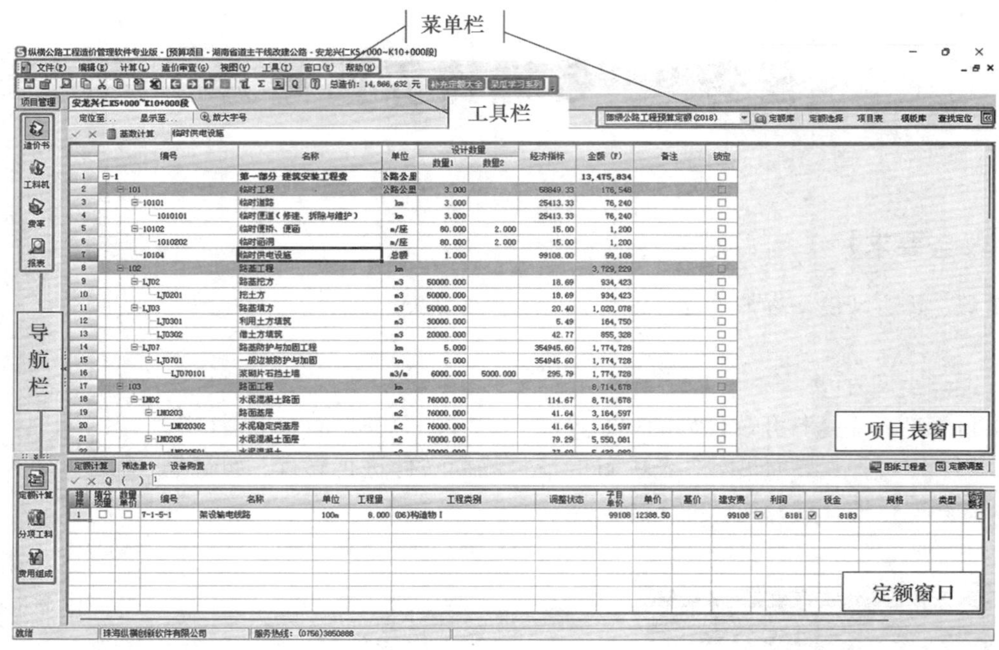

图 9-2　造价书界面

3. 工料机界面

作用：对造价文件进行工料机的相关操作。

操作：点击左侧导航栏“工料机”图标即可切换到工料机界面(图 9-3~图 9-5)。

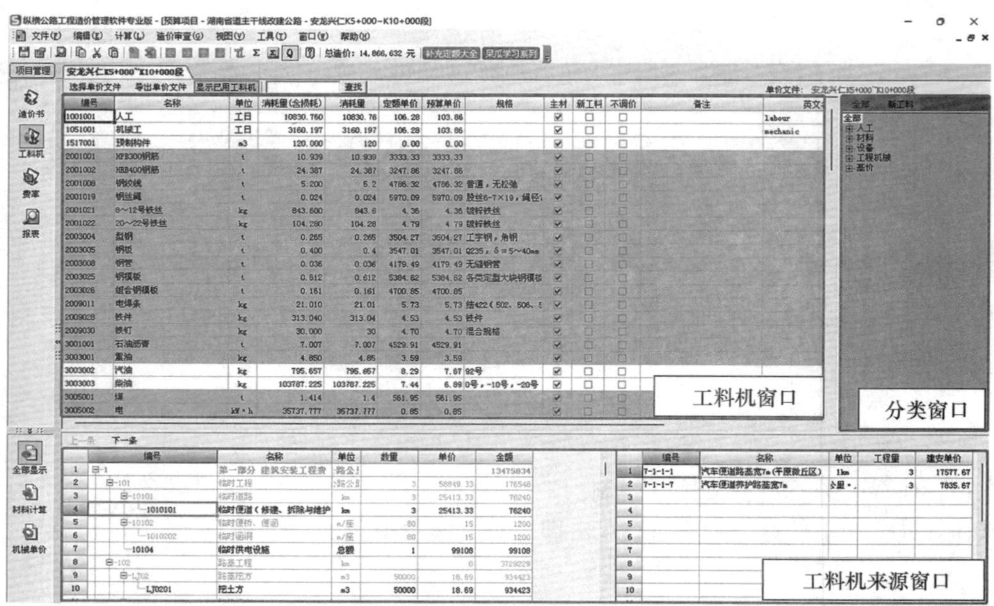

图 9-3　工料机界面

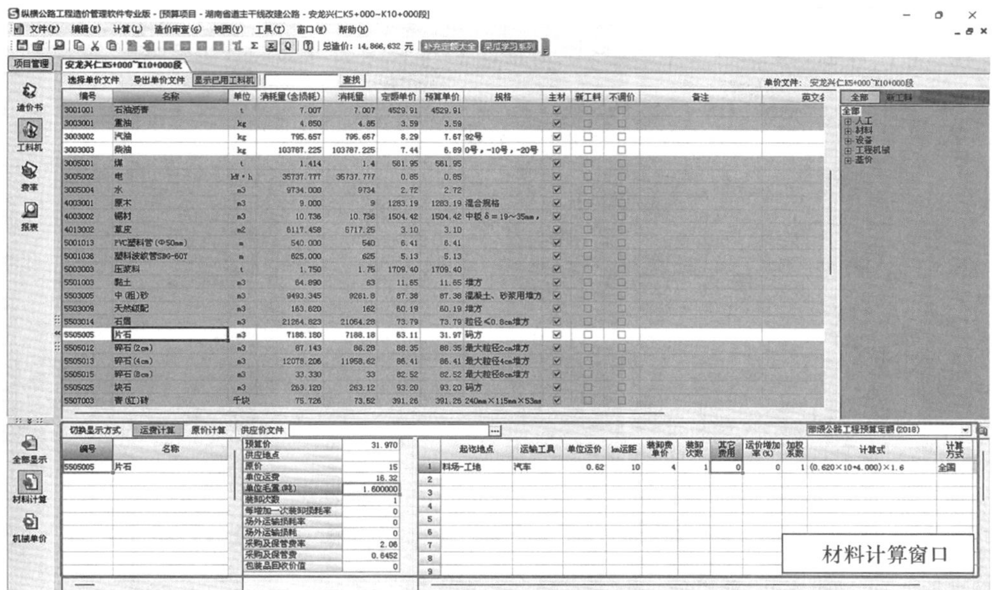

图 9-4　工料机材料计算窗口

图 9-5　工料机机械单价窗口

4. 费率界面

作用：进行工程项目费率数据的设定。

操作：点击左侧导航栏“费率”图标即可切换到费率界面(图 9-6)。

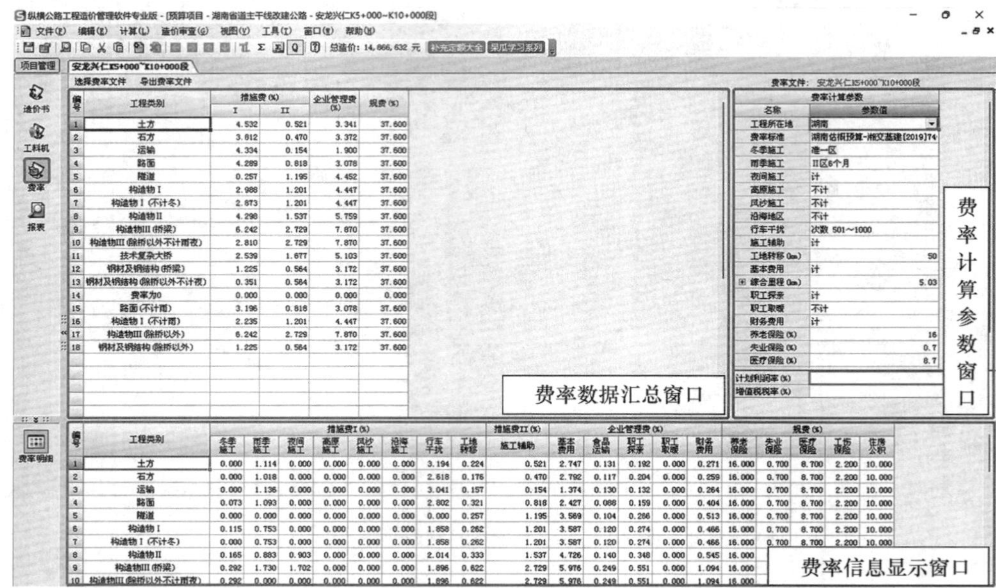

图 9-6　费率界面

5. 报表界面

作用：查看、设置、导出报表。

操作：点击左侧导航栏“报表”图标即可切换到报表界面(图 9-7)。

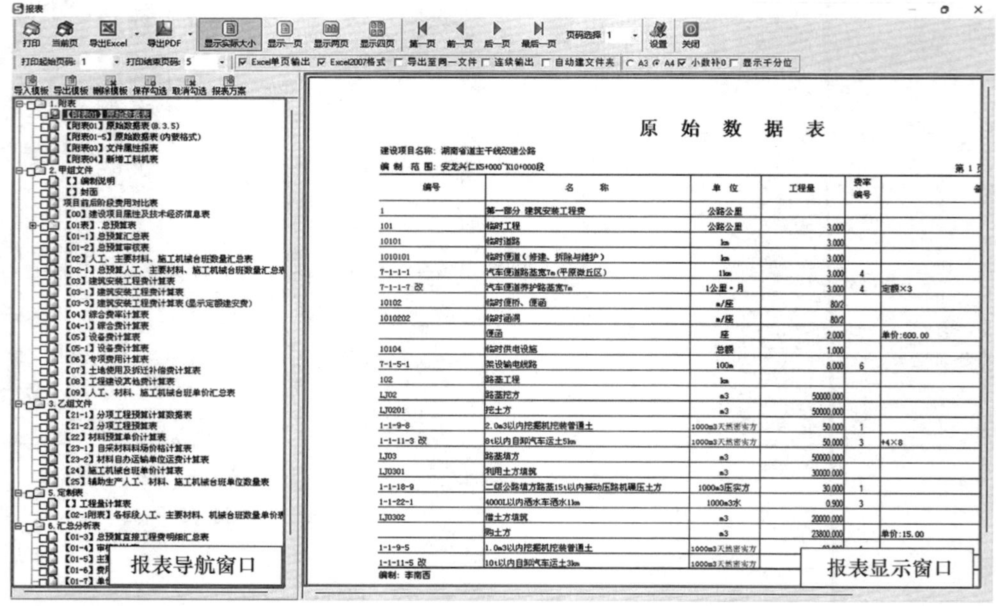

图 9-7　报表界面

任务 10　操作项目管理界面

【项目信息】

本预算文件来源于湖南交通职业技术学院香樟至干杉二级公路第三合同段 K15+050~K18+420 项目文件，路线长 3.396 km，其中桥长 400 m，隧道长 1.4 km；施工队伍转移距离 60 km；主副食供应运距：粮食 3 km，燃料 3 km，蔬菜 3 km，水 3 km。

【问题引入】

1. 建设项目名称是什么？ ______________________________

2. 分段文件（造价文件）名称是什么？ ______________________________

3. 编制的造价文件类型是什么？ ______________________________

【任务要求】

了解项目管理界面的作用，熟悉项目管理界面的各项操作，完成项目 10.1、项目 10.2 的操作。

10.1　项目：新建文件

1. 新建建设项目文件

①打开软件，在项目管理界面，鼠标点击“项目管理”窗口工具栏的“新建”图标右侧的下拉框，选择“新建建设项目”，如图 10-1。或在“项目管理”窗口的空白处点击鼠标右键，在弹出的工具栏中点击“新建”，选择“新建建设项目”。

②在弹出的“新建建设项目”对话框中输入建设项目名称，点击“确定”完成新建，如图 10-2。

图 10-1　选择“新建建设项目”

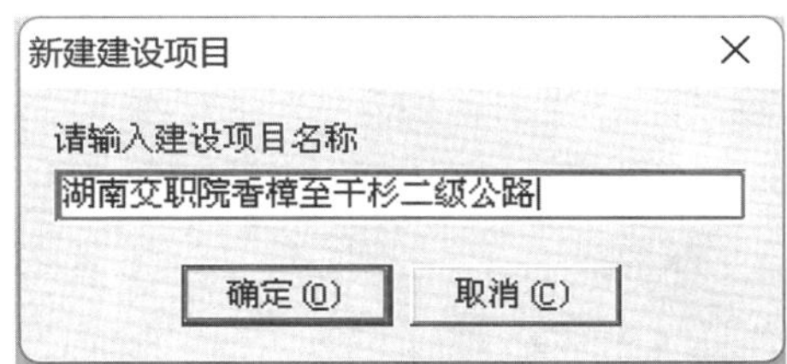

图 10-2　“新建建设项目”对话框

2. 新建造价文件

①选择已建好的建设项目文件，鼠标点击工具栏的“新建”图标右侧的下拉框，选择“新建分段文件”，也可在选择已建好的建设项目文件情况下，点击鼠标右键，在弹出的工具栏中点击“新建”，选择“新建分段文件”。

②在弹出来的“新建项目”对话框中输入分段文件(造价文件)的相关信息，如图 10-3。

建设项目名称系统默认新建分段文件时所选定的建设项目文件。如果需要修改建设项目文件名称，可鼠标左键点击建设项目名称栏右侧的图标，在下拉框中选择建设项目或者直接输入建设项目名称。

“费率文件”“单价文件”：系统默认新建，软件自动生成与分段文件名称一致的费率文件和单价文件，也可直接输入文件名称。如需修改费率文件和单价文件，可点击该栏右侧的图标进行文件选择，或点击图标导入软件外部费率文件和单价文件，进行相应选择。

“项目类型”：根据项目的造价文件类型进行选择。此处需注意，一旦确定项目类型后就无法修改了；项目类型与编制时所采用的项目模板、定额、费率等相关。

确定“新建项目”对话框中的所有信息后，点击对话框下方的“确定”完成新建。

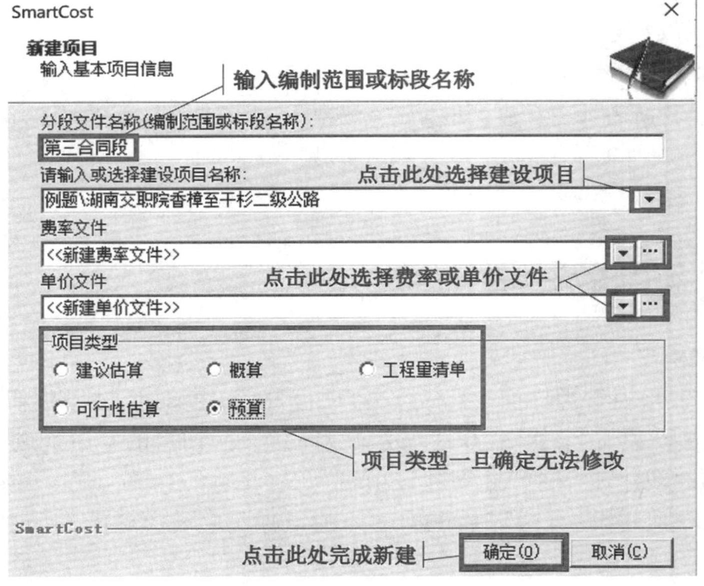

图 10-3 “新建项目”对话框

10.2　项目：其他功能

项目管理界面的工具栏有以下功能键可使用（点击鼠标右键也可调出工具栏，如图 10-4）。

：打开。打开选定的分段文件，进入造价书界面。

：导入、导出。导出可将整个建设项目的所有标段及单价文件、费率文件、补充定额、工料机文件等打包成 sbp 文件备份，也可单独导出某分段文件（格式 smpx）；导入是将数据文件导入软件。此功能可对建设项目进行数据文件的备份与管理，便于在不同编制人之间进行数据的交换。

：修改名称。修改所选定文件夹、建设项目、分段文件的名称。

：删除。删除文件夹、建设项目、分段文件。

：复制到。选择分段文件，单击鼠标右键打开工具栏可看到“复制到”功能键，复制选定的分段文件到其他建设项目，属于其他建设项目借用本建设项目的造价文件。

：另存为。选择分段文件，单击鼠标右键打开工具栏可看到“另存为”功能键，将选定的分段文件在本建设项目中进行另存，属于借用本建设项目内的造价文件。

：显示到。项目管理窗口项目分级显示设置。

查找 下一个：查找。当软件中数据文件很多时，可利用查找关键字的方式找到需要的文件。

图 10-4　项目管理界面其他功能

任务 11　操作费率界面

【项目信息】

本预算文件来源于湖南交通职业技术学院香樟至干杉二级公路的第三合同段 K15+050~K18+420，路线长 3.396 km，其中桥长 400 m，隧道长 1.4 km；施工队伍转移距离 60 km；主副食供应运距：粮食 3 km，燃料 3 km，蔬菜 3 km，水 3 km。其他各项按工程所在区域结合编制办法及相关规定计取。

【问题引入】

1. 本项目工程所在地在哪里？______

2. 根据问题 1 的答案确定：当地现行费率标准文件是什么？______

3. 费率参数设置窗口中，哪些属于措施费的内容，哪些属于企业管理费的内容，哪些属于规费的内容？______

4. 本项目中哪些费率是必须计取的，哪些是不用计取的？______

5. 在费率的计取中，应该结合哪些因素进行考虑？______

【任务要求】

根据项目的实际情况结合《公路工程概预算编制办法》的规定完成本项目费率的计取。

11.1　项目：编辑费率

1. 进入费率界面

在造价书界面，点击左侧导航栏“费率”图标，切换至费率界面，如图 11-1。

2. 输入费率参数

根据工程项目实际情况，结合概预算编制办法，在费率界面右上方的“费率计算参数”窗口采取鼠标选择、键盘输入两种方式完成费率的计取，其中，“综合里程”的参数输入可点击左侧的“+”展开，如图 11-2。

系统会将设定好的费率参数数据生成在下视窗口，左上方的上视窗口为下视窗口的合计，如图 11-3。

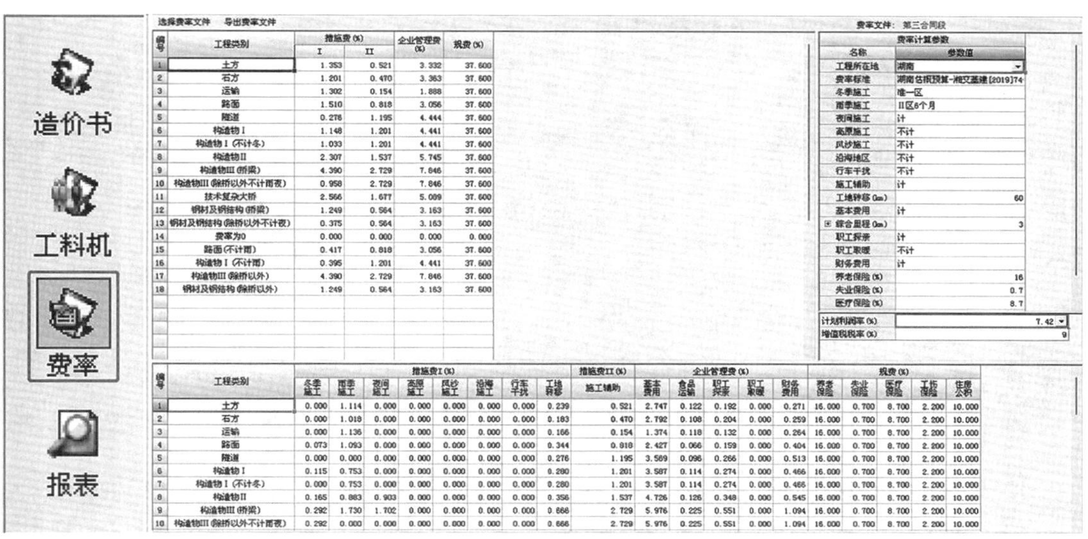

编号	工程类别	措施费(%) I	措施费(%) II	企业管理费(%)	规费(%)
1	土方	1.353	0.521	3.332	37.600
2	石方	1.201	0.470	3.363	37.600
3	运输	1.302	0.154	1.888	37.600
4	路面	1.510	0.818	3.056	37.600
5	隧道	0.276	1.195	4.444	37.600
6	构造物 I	1.148	1.201	4.441	37.600
7	构造物 I (不计冬)	1.033	1.201	4.441	37.600
8	构造物 II	2.307	1.537	5.745	37.600
9	构造物 III (桥梁)	4.390	2.729	7.846	37.600
10	构造物 III (除桥以外不计雨夜)	0.958	2.729	7.846	37.600
11	技术复杂大桥	2.566	1.677	5.009	37.600
12	钢材及钢结构 (桥梁)	1.249	0.564	3.163	37.600
13	钢材及钢结构 (除桥以外不计夜)	0.375	0.564	3.163	37.600
14	费率为0	0.000	0.000	0.000	0.000
15	路面 (不计雨)	0.417	0.818	3.056	37.600
16	构造物 I (不计雨)	0.395	1.201	4.441	37.600
17	构造物 III (除桥以外)	4.390	2.729	7.846	37.600
18	钢材及钢结构 (除桥以外)	1.249	0.564	3.163	37.600

费率计算参数	
名称	参数值
工程所在地	湖南
费率标准	湖南估概预算-湘交基建[2019]74
冬季施工	准一区
雨季施工	II区6个月
夜间施工	计
高原施工	不计
风沙施工	不计
沿海地区	不计
行车干扰	不计
施工辅助	计
工地转移 (km)	60
基本费用	计
⊞ 综合里程 (km)	3
职工探亲	计
职工取暖	不计
财务费用	计
养老保险 (%)	16
失业保险 (%)	0.7
医疗保险 (%)	8.7
计划利润率 (%)	7.42
增值税税率 (%)	9

编号	工程类别	措施费I(%)								措施费II(%)	企业管理费(%)					规费(%)				
		冬季施工	雨季施工	夜间施工	高原施工	风沙施工	沿海施工	行车干扰	工地转移	施工辅助	基本费用	食品运输	职工探亲	职工取暖	财务费用	养老保险	失业保险	医疗保险	工伤保险	住房公积
1	土方	0.000	1.114	0.000	0.000	0.000	0.000	0.000	0.239	0.521	2.747	0.122	0.192	0.000	0.271	16.000	0.700	8.700	2.200	10.000
2	石方	0.000	1.018	0.000	0.000	0.000	0.000	0.000	0.183	0.470	2.792	0.108	0.204	0.000	0.259	16.000	0.700	8.700	2.200	10.000
3	运输	0.000	1.136	0.000	0.000	0.000	0.000	0.000	0.166	0.154	1.374	0.118	0.132	0.000	0.264	16.000	0.700	8.700	2.200	10.000
4	路面	0.073	1.093	0.000	0.000	0.000	0.000	0.000	0.344	0.818	2.427	0.066	0.159	0.000	0.404	16.000	0.700	8.700	2.200	10.000
5	隧道	0.000	0.000	0.000	0.000	0.000	0.000	0.000	0.276	1.195	3.569	0.096	0.266	0.000	0.513	16.000	0.700	8.700	2.200	10.000
6	构造物 I	0.115	0.753	0.000	0.000	0.000	0.000	0.000	0.280	1.201	3.587	0.114	0.274	0.000	0.466	16.000	0.700	8.700	2.200	10.000
7	构造物 I (不计冬)	0.000	0.753	0.000	0.000	0.000	0.000	0.000	0.280	1.201	3.587	0.114	0.274	0.000	0.466	16.000	0.700	8.700	2.200	10.000
8	构造物 II	0.165	0.883	0.903	0.000	0.000	0.000	0.000	0.356	1.537	4.726	0.126	0.348	0.000	0.545	16.000	0.700	8.700	2.200	10.000
9	构造物 III (桥梁)	0.292	1.730	1.702	0.000	0.000	0.000	0.000	0.668	2.729	5.976	0.225	0.551	0.000	1.094	16.000	0.700	8.700	2.200	10.000
10	构造物 III (除桥以外不计雨夜)	0.292	0.000	0.000	0.000	0.000	0.000	0.000	0.666	2.729	5.976	0.225	0.551	0.000	1.094	16.000	0.700	8.700	2.200	10.000

图 11-1 费率界面

费率计算参数	
名称	参数值
工程所在地	湖南
费率标准	湖南估概预算-湘交基建[2019]74·
冬季施工	准一区
雨季施工	II区6个月
夜间施工	计
高原施工	不计
风沙施工	不计
沿海地区	不计
行车干扰	不计
施工辅助	计
工地转移 (km)	60
基本费用	计
⊕ 综合里程 (km)	3
职工探亲	计
职工取暖	不计
财务费用	计
养老保险 (%)	16
失业保险 (%)	0.7
医疗保险 (%)	8.7
工伤保险 (%)	2.2
住房公积金 (%)	10
计划利润率 (%)	7.42
增值税税率 (%)	9

⊟ 综合里程 (km)	3
粮食	3
燃料	3
蔬菜	3
水	3

图 11-2 “综合里程”参数设置示意图

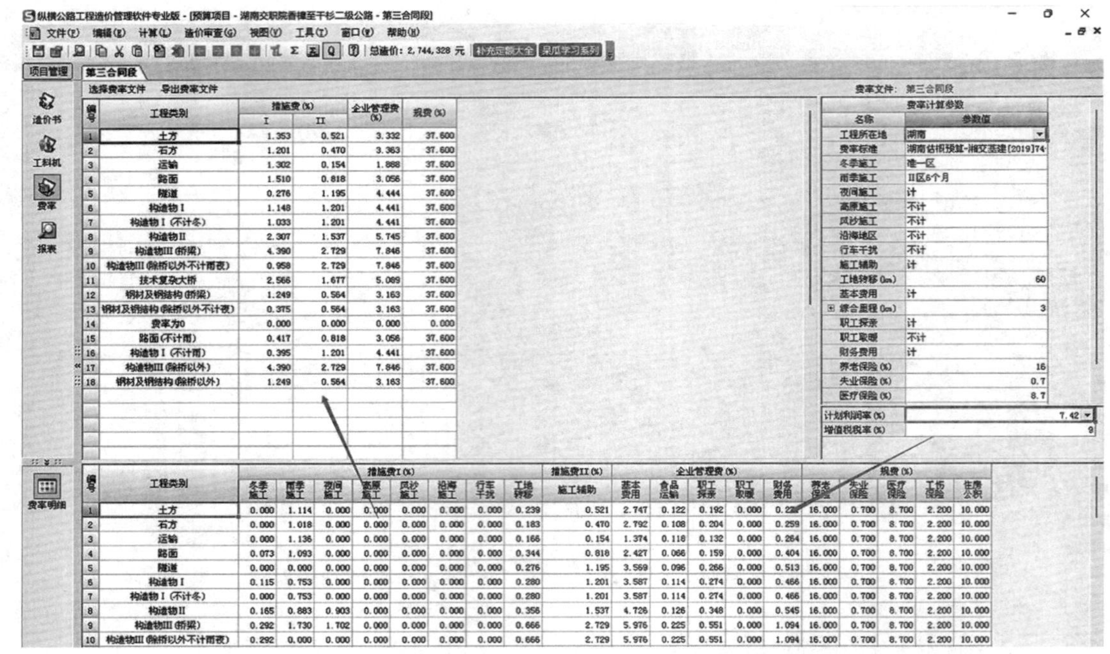

图 11-3　下视窗口、左上方的上视窗口数据来源示意图

11.2　项目：拓展功能

1. 乘系数功能

下视窗口、左上方的上视窗口中数值还可用乘系数方式对整列、整行或已选范围内的费率值进行修改，点击鼠标右键选择“乘系数”即可，如图 11-4。（部分省区市的补充规定中要求个别费率须乘系数。）

2. 费率文件导入/导出

编辑好的费率文件可点击界面左上角的“导出费率文件”进行文件的导出，导出文件格式为“ * . smf”（图 11-5）。如在设置费率时有可参考使用的费率文件，则点击左上角的“选择费率文件”导入或右下角的“从其他项目复制”到软件中进行使用。

编号	工程类别	措施费（%）		企业管理费（%）	规费（%）
		I	II		
1	土方	1.353	0.521	3.332	37.600
2	石方	1.201	0.470	3.363	37.600
3	运输	1.302	0.154	1.888	37.600
4	路面	1.510	0.818	3.056	37.600
5	隧道	0.276	1.195	4.444	37.600
6	构造物Ⅰ	1.148	1.201	[illegible]	[illegible]
7	构造物Ⅰ（不计冬）	1.033	1.201	[illegible]	[illegible]
8	构造物Ⅱ	2.307	1.537	[illegible]	[illegible]
9	构造物Ⅲ（桥梁）	4.390	2.729	7.846	37.600
10	构造物Ⅲ（除桥以外不计雨夜）	0.958	2.729	7.846	37.600
11	技术复杂大桥	2.566	1.677	5.089	37.600
12	钢材及钢结构（桥梁）	1.249	0.564	3.163	37.600
13	钢材及钢结构（除桥以外不计夜）	0.375	0.564	3.163	37.600
14	费率为0	0.000	0.000	0.000	0.000
15	路面（不计雨）	0.417	0.818	3.056	37.600
16	构造物Ⅰ（不计雨）	0.395	1.201	4.441	37.600
17	构造物Ⅲ（除桥以外）	4.390	2.729	7.846	37.600
18	钢材及钢结构（除桥以外）	1.249	0.564	3.163	37.600

选中单元格乘系数 1

删除 Ctrl+Del

图 11-4　乘系数

图 11-5　费率文件导入/导出

任务 12　操作造价书界面

12.1　项目：填写项目信息

【项目信息】

本预算文件来源于湖南交通职业技术学院香樟至干杉二级公路的第三合同段 K15+050～K18+420 项目文件，其所在地为湖南，地形为平原微丘区，路线长 3.396 km，其中桥长 400 m，隧道长 1.4 km，路面结构为沥青混凝土路面，设计速度 80 km/h，路基宽度 15 m。

【问题引入】

1. 如何获得项目的属性信息？______________________________

2. 属性与造价文件的编制有什么关系？______________________

在造价书界面，鼠标点击工具栏第二个图标，打开“项目属性”窗口，该窗口包括“基本信息”“属性参数”“计算参数”“小数位数”“高级”五个选项卡，可点击进行切换。

将工程项目属性信息填入“项目属性”窗口各选项卡，如图 12-1～图 12-5。

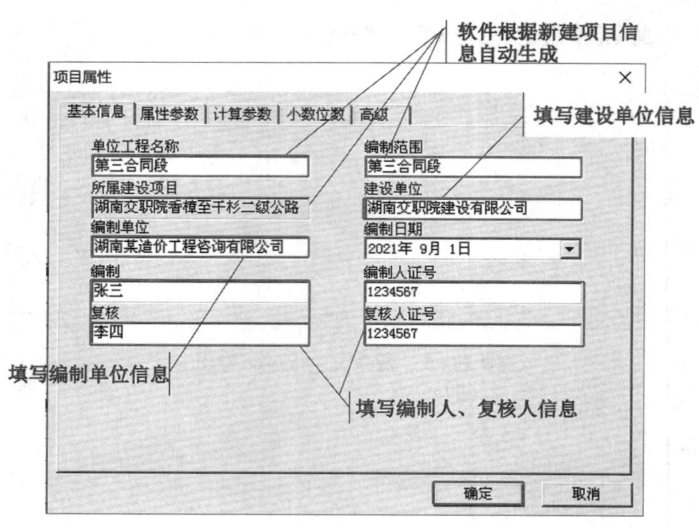

图 12-1　“项目属性”主窗口(基本信息选项卡)

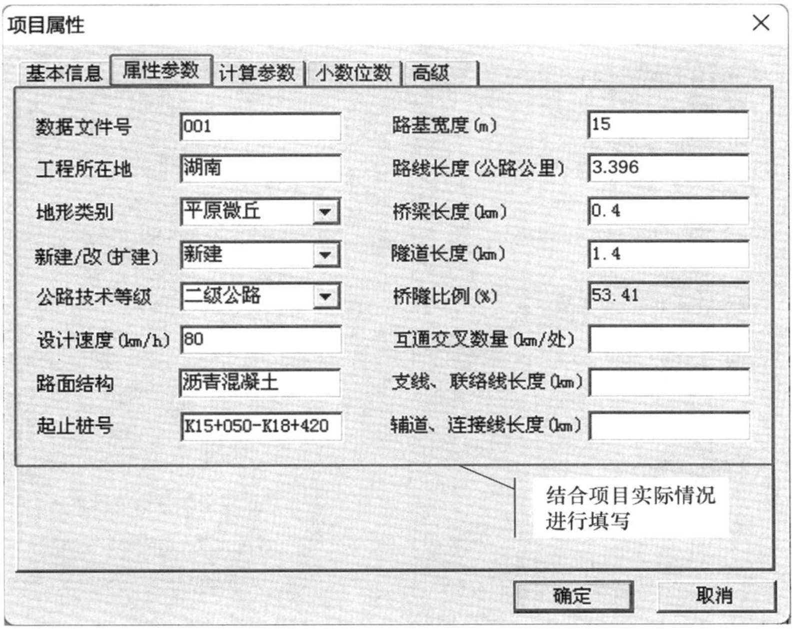

图 12-2　“项目属性”之“属性参数”选项卡

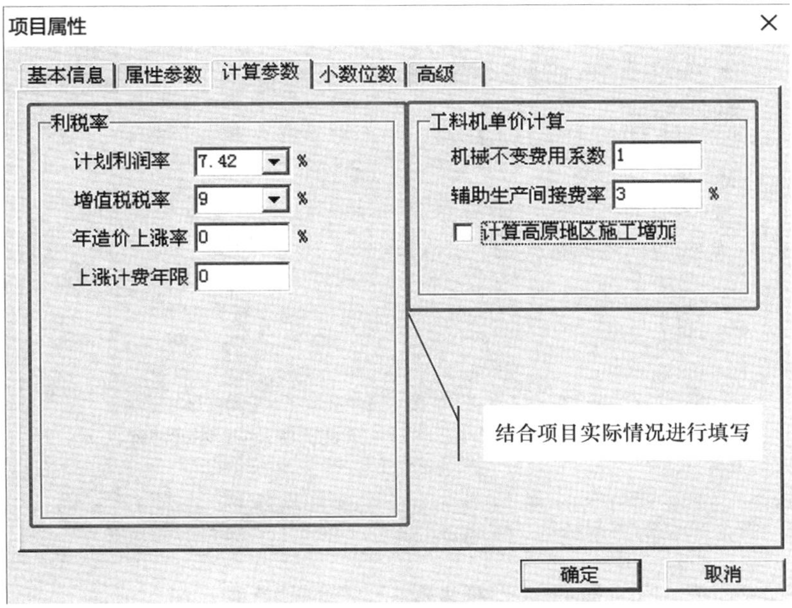

图 12-3　“项目属性”之“计算参数”选项卡

项目属性

基本信息 | 属性参数 | 计算参数 | 小数位数 | 高级

本分段工程单独设置

分项/清单

数量 3

综合单价 2

金额 0

工料机

消耗量 3

预算价 2

定额

工程量 3

建安单价 2

各项费用 0

费率

费率 3

恢复默认值

此选项卡根据需要设置

确定 取消

图 12-4 “项目属性”之“小数位数”选项卡

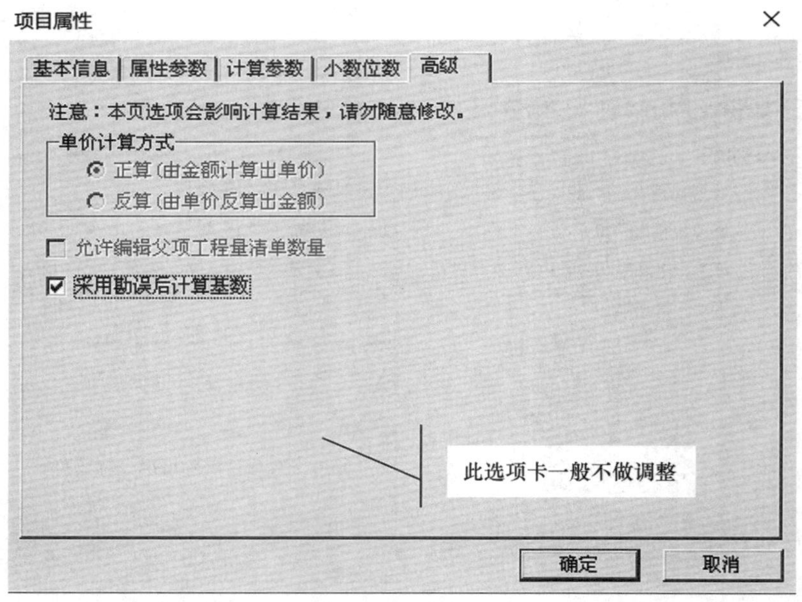

图 12-5 “项目属性”之“高级”选项卡

设置好属性后，点击窗口右下角的“确定”进行保存。

12.2　项目：建立项目表/清单

【项目信息】

项目表信息见表 12-1。

表 12-1　项目表信息

项目节	名称	单位	工程量
1	第一部分 建筑安装工程费	公路公里	3.396
101	临时工程	公路公里	3.396
10101	临时道路	km	1.8
1010101	临时便道(修建、拆除与维护)	km	1.8
10106	拌和、预制场地处理	处	2.0

【问题引入】

1. 什么是标准项目表？ ____________________

2. 什么是非标准项目表？ ____________________

3. 什么是父项？什么是子项？ ____________________

【操作介绍】

根据设计图纸，提取工程项目，结合《公路工程建设项目概算预算编制办法》(JTG 3830—2018)、《公路工程标准施工招标文件(2018 年版 · 第三册)》工程量清单进行项目表/清单的建立，可采用添加项目表模板或自定义新增的方式建立。

1. 建立标准项目表

点击造价书界面右上角的 项目表 ，打开标准项目表，点击下拉框可选择项目表模板，如图 12-6。

项目表
概算预算项目表 (2018)
概算预算项目表 (2018)
概算预算项目分表 (2018)
湖南省概 (预)算项目表 (2021)
湖南省概 (预)算项目分表 (2021)

图 12-6　选择项目表模板示意图

点击“+”展开项目表(图 12-7)。

在“选用”处打钩，直接单击“添加”，如图 12-8。

选用	编号	名称	单位
□	⊟1	第一部分 建筑安装工程费	公路公里
□	⊟101	临时工程	公路公里
□	⊞10101	临时道路	km
□	⊞10102	临时便桥、便涵	m/座
□	10103	临时码头	座
□	10104	临时供电设施	总额
□	⊞10105	临时电信设施	总额

图 12-7 展开项目表

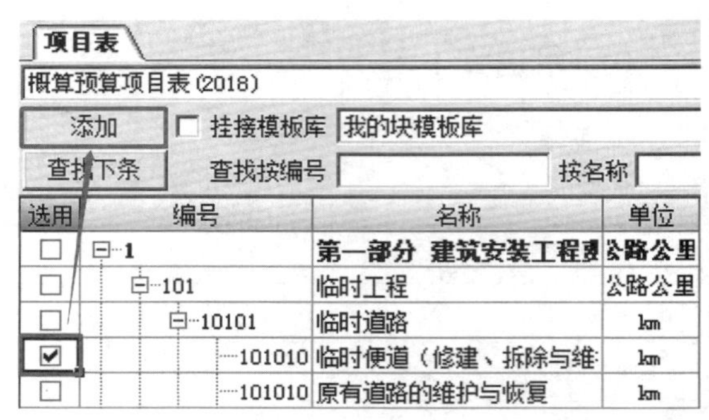

图 12-8 添加项的操作示意图

也可鼠标双击所要添加的项目直接添加到列表中。

注：a. 当勾选父项时，子项全部自动选择；当勾选子项时，父项自动选择。b. 若添加的项目有误，可在程序界面中点击，或者点击鼠标右键，选择“删除”。c. 若建立的项目表层次不合理，可利用调整，这四个图标分别代表升级、降级、上移、下移。d. 建立项目表后，输入各个分项工程的工程数量即可。

2. 添加非标准项目表

对于标准项目表模板中没有的非标准项，如“10106 拌和、预制场地处理”，则采用添加非标准项的方式进行项的添加。

①鼠标选择需要添加的非标准项“10106 拌和、预制场地处理”的平级项“10101 临时道路”，如图 12-9。

编号	名称	单位
⊟1	第一部分 建筑安装工程费	公路公里
⊟101	临时工程	公路公里
⊟10101	临时道路	km
1010101	临时便道(修建、拆除与维护)	km

图 12-9 选择平级项的示意图

②点击造价书界面上方的工具栏“添加”(快捷键 Ctrl+Ins)，或点击鼠标右键，选择“插入”(图 12-10)，在插入项空白栏中输入“编号”“名称”“单位”“工程量”(图 12-11)。如需调整插入项的层次，可点击工具栏的图标进行调整。

建立清单的方法同上。

⊟1	第一部分 建筑安装工程费	公路公里	3.396	
⊟101	临时工程	公路公里	3.396	
⊟10101	临时道路	km	1.800	
1010101	临时便道（修建、拆除与维护）	km	1.800	

图 12-10 插入空白栏

⊟1	第一部分 建筑安装工程费	公路公里	3.396	
⊟101	临时工程	公路公里	3.396	
⊟10101	临时道路	km	1.800	
1010101	临时便道（修建、拆除与维护）	km	1.800	
10106	拌和、预制场地处理	处	2.000	

图 12-11 输入各信息的示意图

12.3 项目：添加定额

【项目信息】

项目表信息见表 12-2。

表 12-2 项目表信息

项目节	定额编号	名称	单位	工程量
1		第一部分 建筑安装工程费	公路公里	3.396
101		临时工程	公路公里	3.396
10101		临时道路	km	1.8
1010101		临时便道(修建、拆除与维护)	km	1.8
	7-1-1-3	汽车便道路基宽 4.5 m(平原微丘区)	1 km	1.8
10106		拌和、预制场地处理	处	2.0
	4-11-11-8	生产能力 25 m^3/h 以内混凝土搅拌站(楼)安拆	1 座	2.0
	2-2-3-7	机械摊铺级配砾石面层(拖拉机带铧犁拌和,压实厚度 10 cm)	1000 m^2	4.0

【问题引入】

1. 如何计取分项工程的费用？________________
2. 套取定额的依据是什么？________________
3. 定额工程量与自然工程量有什么不同？________________
4. 在软件中套取定额有几种方式？________________

【操作介绍】

从定额库中选择定额；定额搜索；双击套取定额；输入定额；删除已选定额。

1. 从定额库中选择定额（对定额所在章节比较清楚时）

选中需要套定额的项，点击造价书界面右上角的“定额选择”图标，打开“定额选择”窗口，点击“+”逐一展开下一级章节，根据项目需求鼠标双击窗口中的定额进行添加，或选定定额后点击“添加定额”进行添加，如图 12-12。

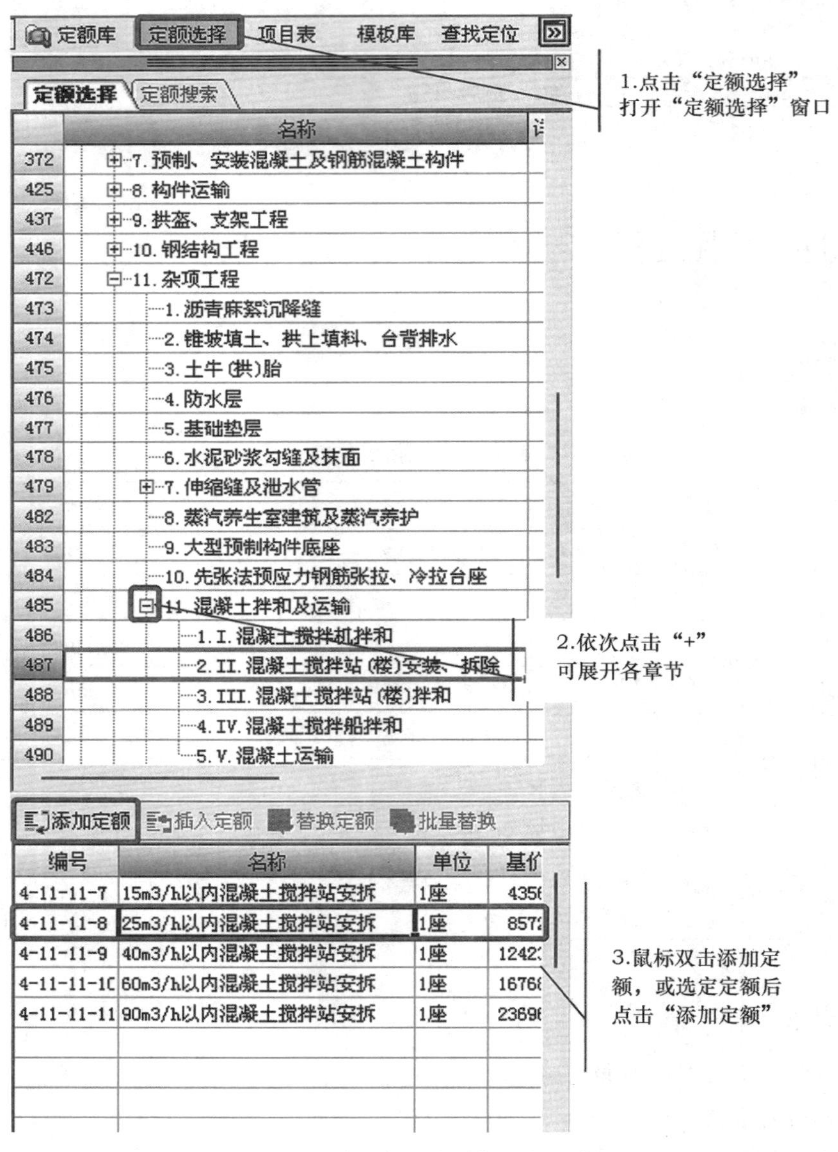

图 12-12 从定额库中选择定额示意图

2. 定额搜索（对定额所在章节不是特别清楚时）

通过顶部标签切换到“定额搜索”窗口，如欲查找汽车便道定额，输入“便道”，软件立即将名称中含有“便道”的定额过滤出来。双击即可选择所需定额，如图 12–13。

图 12–13　定额搜索示意图

提示：多个关键词之间用空格隔开。

3. 双击套取定额

在“定额计算”窗口的“编号”单元格中双击鼠标，在弹出的定额卡中通过鼠标双击章节找到所需定额，如图 12–14。

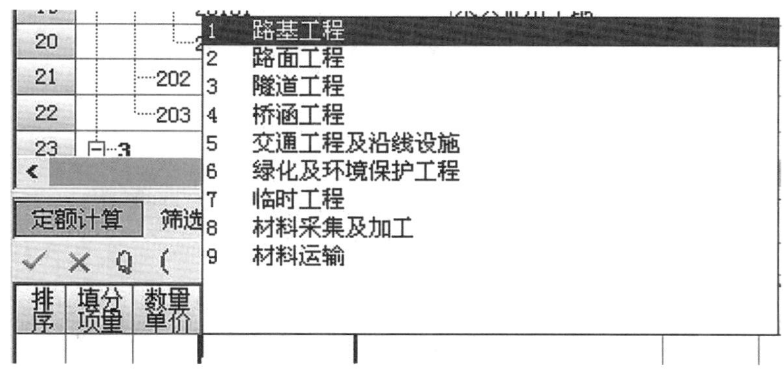

图 12–14　双击套取定额示意图

4. 输入定额（智能定额逼近）

在“定额计算”窗口的“编号”单元格中输入定额编号时，系统根据输入的定额编号智能逼近所需的定额，如图 12–15。

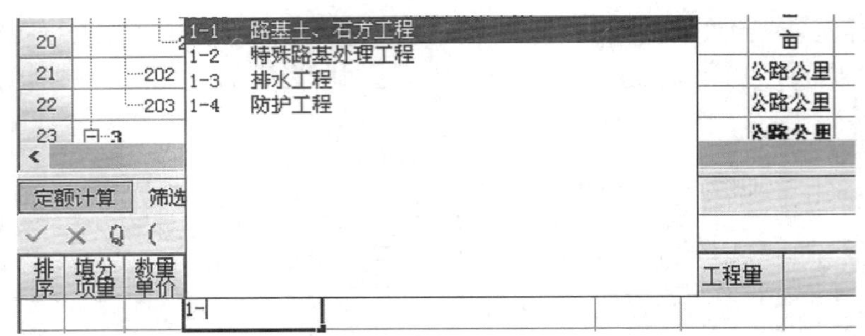

图 12-15　输入定额示意图

5. 删除已选定额

选择需删除定额，点击鼠标右键或点击工具栏的“删除”按钮。

拓展知识

1. 定额编号

在定额编号输入栏中直接输入定额编号有两种方式，如“7-1-1-1 汽车便道”除了可以输入“7-1-1-1”格式，还可以输入“70101001”格式（首位“7”为章，第 2、3 位“01”为节，第 4、5 位“01”为项，第 6、7、8 位“001”为定额子目）。

2. 定额工程量

在软件中定额工程量可自动转换，点击菜单栏的“工具”，选择“选项”，在“常规”选项卡中勾选“手输定额工程量时根据定额单位转换”，此时在定额工程量处填写工程量，系统会根据定额单位进行定额工程量的转换；若取消勾选，则所输入的工程量不会根据定额单位进行转换，如图 12-16。

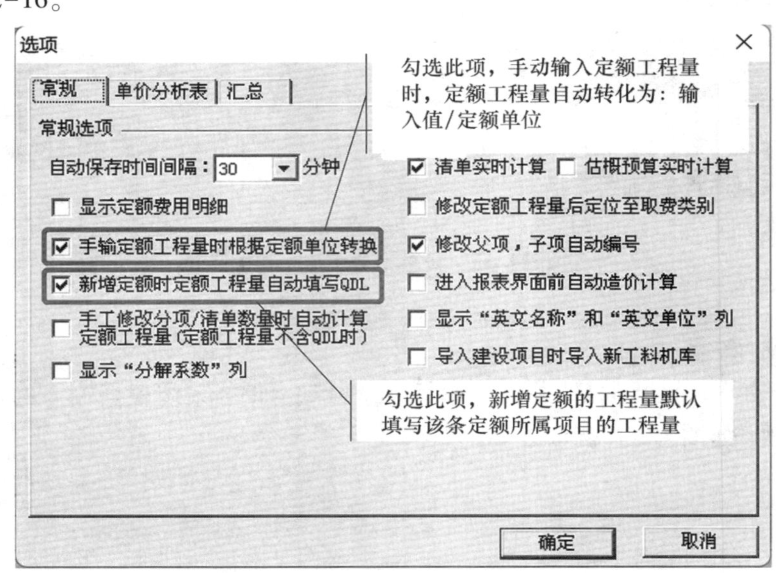

图 12-16　定额工程量的设置

定额工程量也可输入计算式，如图 12-17。

定额计算　数量单价

4*10000+945

	定额编号	定额名称	定额单位	工程量	取费类别
1	1-1-2-2	人工挖运普通土第1个40m	1000m³	4*10000+945	1)人工土方
2	1-1-2-3	人工挖运硬土第1个40m	1000m³	74.390	1)人工土方

图 12-17　定额工程量的计算方式

同理，清单工程量、单价、金额等都可以输入计算式计算。

3. 定额反向定位

预算编制过程中，经常需要另选（替换）个别定额，前、后定额一般处于定额中同一分项内（或附近）。“定额反向定位”就是为快速替换定额而设的。

在“定额计算”窗口中，选择某条定额，点击鼠标右键选择“反向定位”，系统自动打开定额库，定位至该条定额所处位置，如图 12-18。

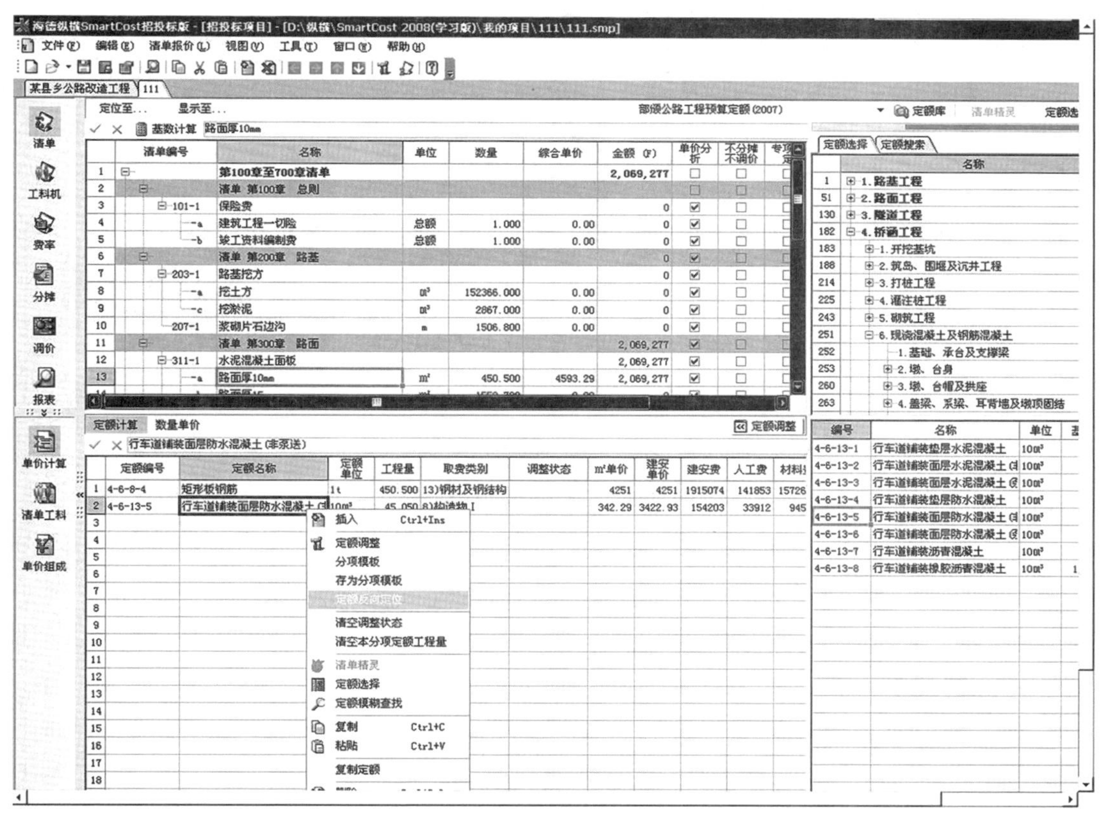

图 12-18　定额反向定位

4. 从其他定额库中选择定额

点击造价书界面右上角的 定额库 图标，系统弹出“选择定额库”窗口，点击该窗口左下角“增加定额库”，在弹出窗口中选择所需定额库，如“湖南省公路工程新增补充预算定额(2020)”，点击“打开”，则退回至“选择定额库”窗口，此时定额库列表中已有“湖南省公路工程新增补充预算定额(2020)”，点击“确定”关闭窗口。回到造价书界面，点击右上角的 定额库 左侧 ▼ 下拉框，选择“湖南省公路工程新增补充预算定额(2020)”进行定额库切换，即可选择定额，如图 12-19。

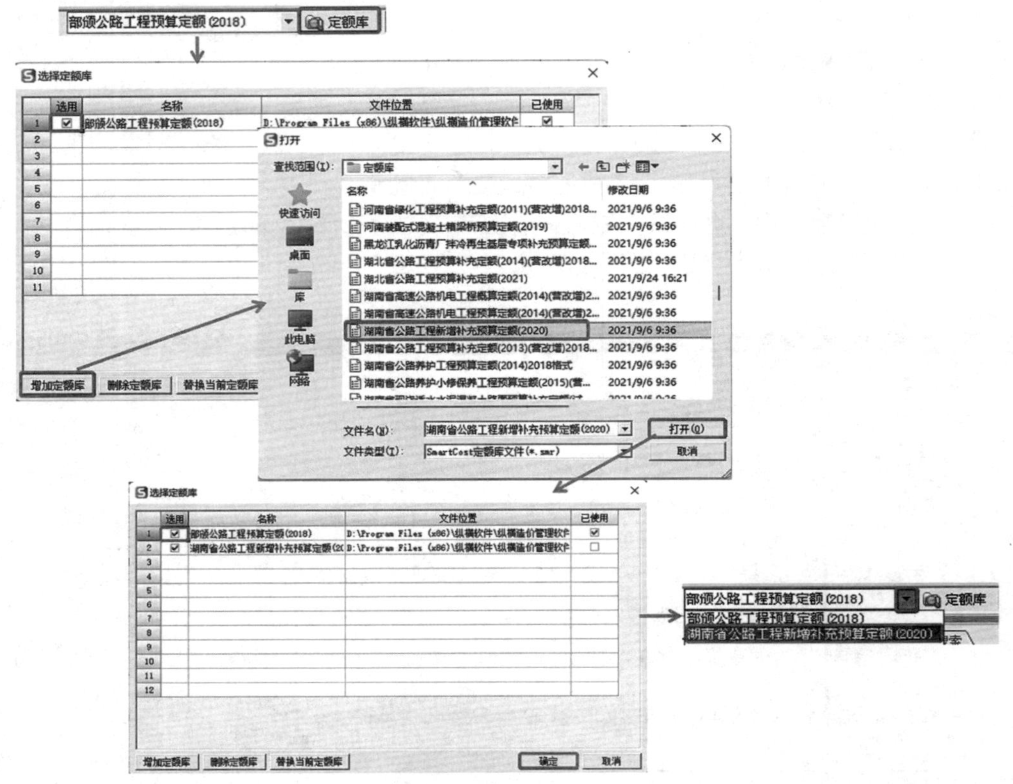

图 12-19　调取其他定额库

12.4　项目：调整定额

【项目信息】

定额信息见表 12-3。

表 12-3　定额信息

定额编号	定额名称	单位	工程量	调整情况
1-3-2-2	PVC 管安装	100 m	10.000	使用 PVC 塑料管(ϕ160 mm)，消耗量 200

续表12-3

定额编号	定额名称	单位	工程量	调整情况
1-1-12-14	135 kW 以内推土机推普通土 20 m	1000 m^3 天然密实方	43. 211	43211 m^3 为压实方，定额×系数 1. 16 转换为天然密实方
4-4-8-26	集中加工主筋焊接连接	1 t	19. 840	全部采用带肋钢筋
2-1-7-5	厂拌厚 20 cm 碎石水泥(95 : 5)	1000 m^2	35. 311	厚度 25 cm，碎石 : 水泥 = 96 : 4

【问题引入】

1. 什么是定额调整？______

2. 为什么要进行定额调整？______

3. 如何结合工程项目的实际情况及定额说明进行定额调整？______

【操作介绍】

定额调整也称定额抽换，可根据现场施工工艺情况进行定额调整。鼠标选择需要调整的定额，点击“定额计算”窗口右上角的“定额调整”，打开“定额调整”窗口。

1. 工料机/砼的调整

工料机/砼窗口可进行工料机的删除、新增、替换、消耗量及预算价的调整，如图 12-20。

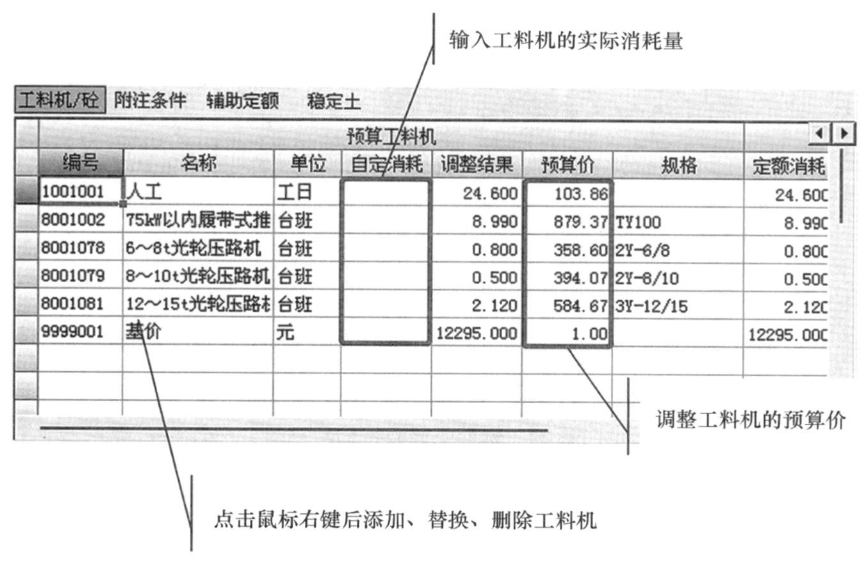

图 12-20　工料机/砼调整的示意图

2. 附注条件的调整

软件将定额说明里面的条件、附注做成选项，根据项目需要可直接用鼠标勾选恰当的附注条件，如隧道工程采用其他章节定额时，需勾选“洞内用洞外项目”的选项。还可进行定额乘系数的调整，如图 12-21。

工料机/砼　附注条件　辅助定额　稳定土

	调整	条件	内容
1	□	挖芦苇根	定额×0.73
2	□	洞内用洞外项目	人、机械、小型机具使F
3	□	自定义系数	人工×1;材料×1;机械>
4			
5			
6			
7			
8			
9			
10			

图 12-21　附注条件调整的示意图

3. 辅助定额的调整

辅助定额窗口可进行常见的如厚度、运距、钢绞线束数等参数的调整。如需调整，可直接将实际值输入在单元格中。部分定额的名称(如涉及运距、厚度的定额)将根据定额调整进行更新，如图 12-22、图 12-23。

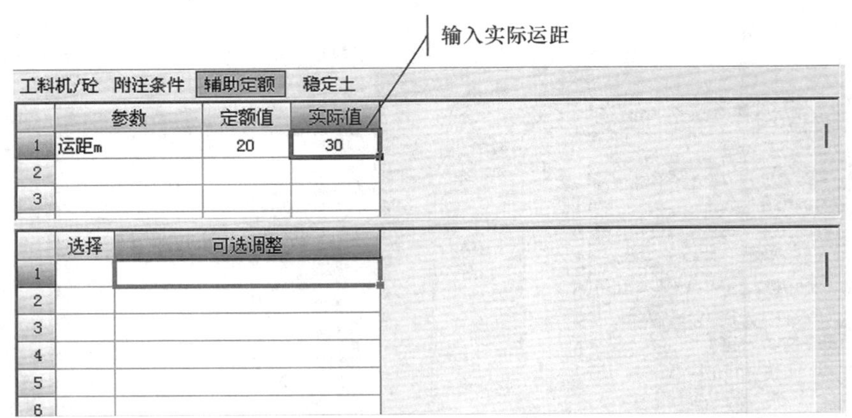

图 12-22　辅助定额调整的示意图 1

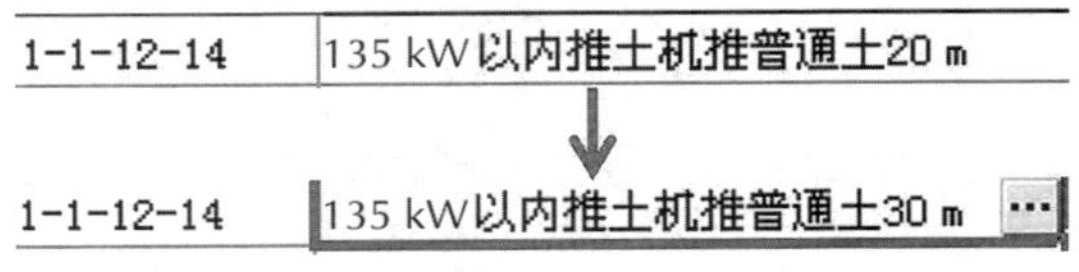

图 12-23　辅助定额调整的示意图 2

4. 稳定土的调整

稳定土窗口可进行定额配合比的调整。在调整配合比单元格中输入实际比例即可。定额名称将根据配合比的调整进行更新，如图 12-24、图 12-25。

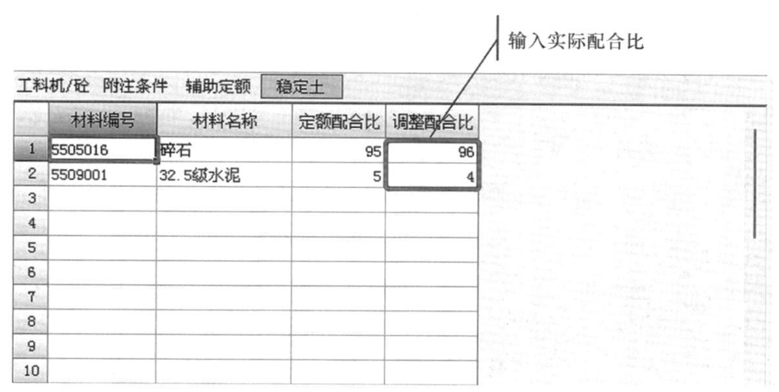

图 12-24　稳定土调整的示意图 1

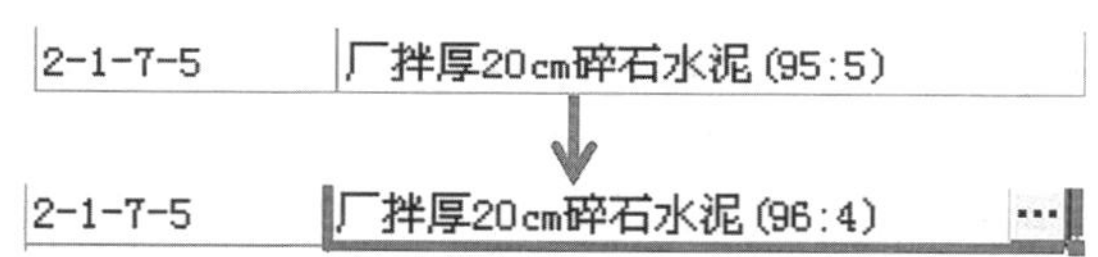

图 12-25　稳定土调整的示意图 2

12.5　项目：补充定额的编制与运用（含新增工料机）

补充定额

【项目信息】

建立直径 1200 mm 钢筋砼预制管铺设的补充预算定额，定额号为 10-1-1-1，定额单位为 100 m。其中，ϕ1200 mm 混凝土管的材料需自行新增，ϕ1200 mm 混凝土管定额单价假定为 300 元/m。定额所采用工料机消耗见表 12-4。

表 12-4　工料机消耗量一览表

名称	单位	代号	铺设定额消耗
人工	工日	1001001	62.62
32.5 级水泥	t	5509001	0.28
水	m^3	3005004	0.18
中（粗）砂	m^3	5503005	0.69
ϕ1200 mm 混凝土管	m	自定义	101.00
其他材料费	元	7801001	4.00

【问题引入】

1. 一般公路预算定额多久更新一次？______

2. 什么是补充定额？______

3. 什么情况下需要编制补充定额？______

4. 编制补充定额需要获取哪些资料？______

1. 新建/打开补充定额库

①点击菜单栏的“工具”，选择“定额库编辑器”，进入“定额库编辑器”界面，如图 12-26。

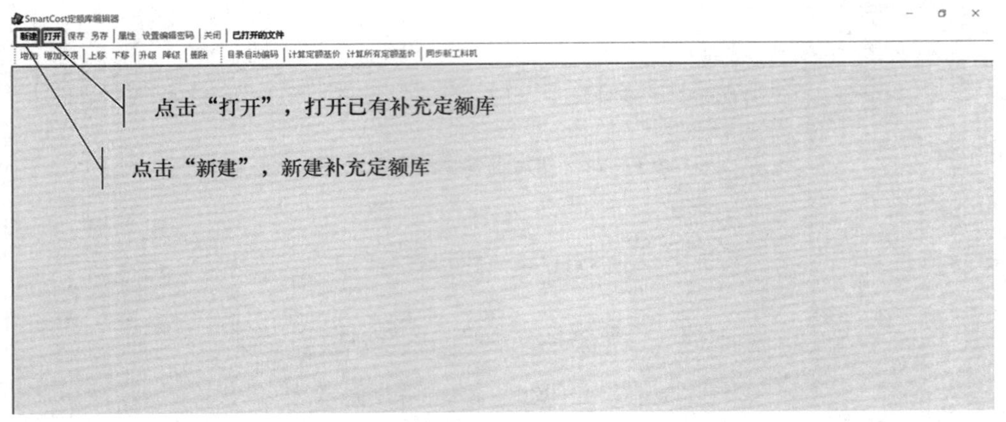

图 12-26　新建/打开补充定额库

②点击“定额库编辑器”界面左上角的“新建”，在弹出的“新建定额库”窗口中选择补充定额的类型，点击窗口右下角的“确定”，如图 12-27。

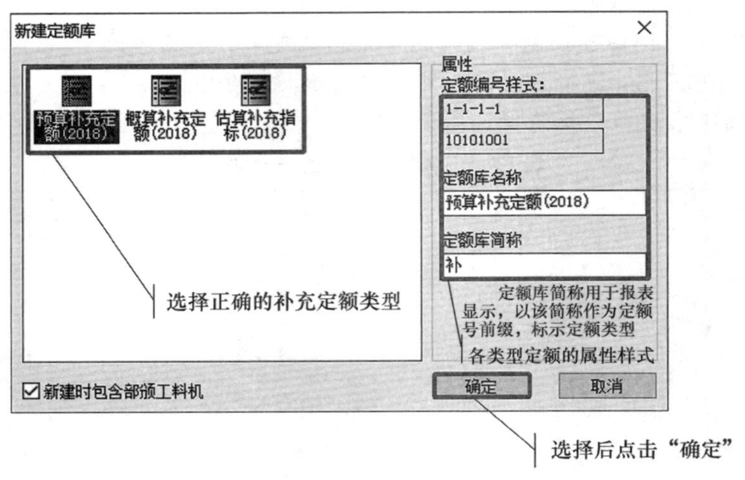

图 12-27　“新建定额库”的选项

2. 确定补充定额所属章节

在“定额库编辑器”界面左侧窗口中定位“补充定额”所属的章，根据需要点击鼠标右键选择“增加”或“增加子项”以增加章或节，如图 12-28。

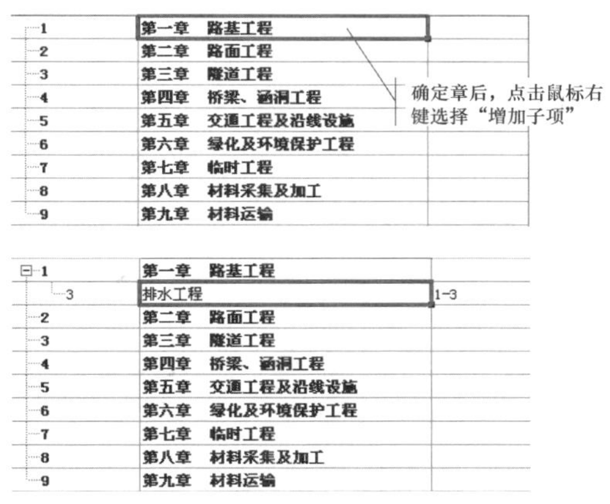

图 12-28　增加章节示意图

3. 建立补充定额

在右上方的定额窗口中输入补充定额的编号、名称、单位，如图 12-29。

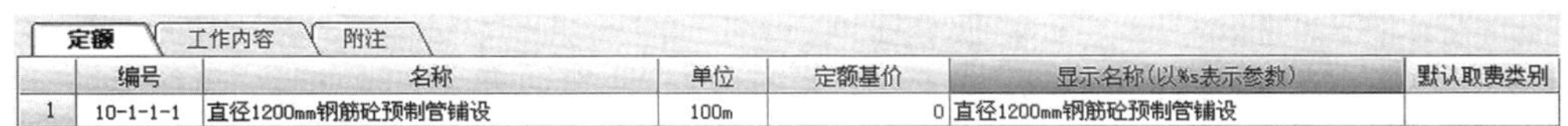

	编号	名称	单位	定额基价	显示名称(以%s表示参数)	默认取费类别
1	10-1-1-1	直径1200mm钢筋砼预制管铺设	100m	0	直径1200mm钢筋砼预制管铺设	

图 12-29　输入补充定额信息的示意图

4. 添加工料机

在下方的“工料机”窗口中输入补充定额所包括的工料机及对应消耗量。

增加材料可直接在“编码”栏里输入材料编码，也可在空白处点击鼠标右键选择“增加”，在弹出的“选择工料机”窗口中选择所需材料进行添加。

添加好材料后，输入各材料的定额消耗值，如图 12-30。

	编码	名称	型号规格	单位	定额单价	定额消耗	主材	新材料	类型
1									
2									
3									
4									
5									
6									

	编码	名称	型号规格	单位	定额单价	定额消耗	主材	新材料	类型
1	1001001	人工		工日	106.28	62.620	☐	☐	人工
2	005512001	¢1200mm混凝土管	¢1200mm	m	300	101.000	☐	☑	材料
3	3005004	水		m3	2.72	0.180	☐	☐	材料
4	5503005	中(粗)砂	混凝土、砂浆用堆方	m3	87.38	0.690	☐	☐	材料
5	5509001	32.5级水泥		t	307.69	0.280	☐	☐	材料
6	7801001	其他材料费		元	1	4.000	☐	☐	材料
7	9999001	基价		元	1	37106.000	☐	☐	定额基价

图 12-30　补充定额工料机的操作示意图

5. 新增工料机

新增材料或机械，编码采用 7 位，第 1、2 位取相近品种的材料或机械代号，第 3、4 位采用偶数编制，后 3 位采用顺序编制，方便大数据归集、信息统计。点击“选择工料机”窗口左下角的“新增工料机”，在弹出的“新增工料机”窗口中输入新增材料的相关信息，点击“确定”进行保存，如图 12-31、图 12-32。

图 12-31 “选择工料机”窗口

新增工料机

编号（不足7位将自动补足7位）

名称

型号规格

基价 单位

类型 材料子类

材料 一般材料

确定 取消

图 12-32 “新增工料机”窗口

6. 保存补充定额库

补充定额编辑完成之后点击界面左上方的“保存”，对补充定额库进行保存。

7. 补充定额库的使用

参考“12.3　项目：添加定额”中“拓展知识”第4点。

①点击造价书界面右上角的“定额库”图标，如图12-33。

②在弹出的“选择定额库”窗口中点击左下角的“增加定额库”，选择保存好的补充定额库名称，点击“打开”。

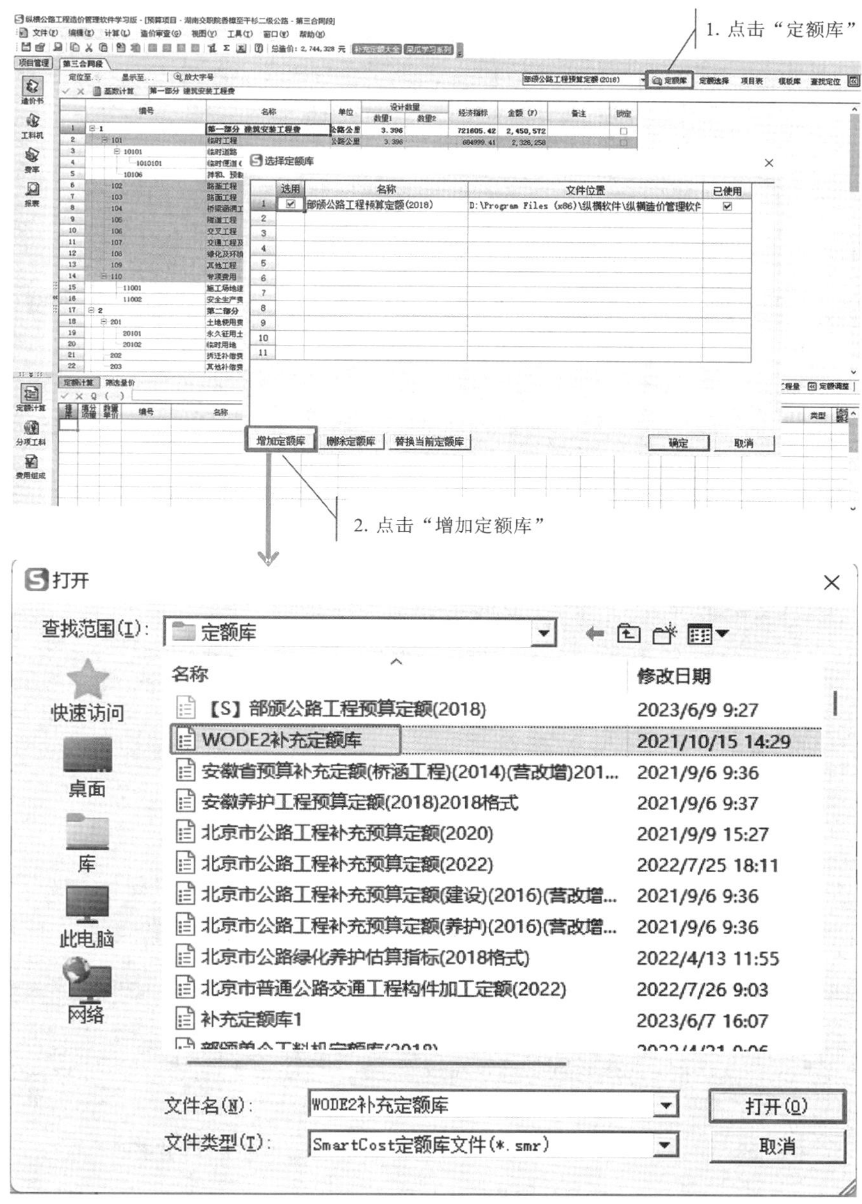

图12-33　选择补充定额库

③点击“选择定额库”右下角的“确定”，如图 12-34。

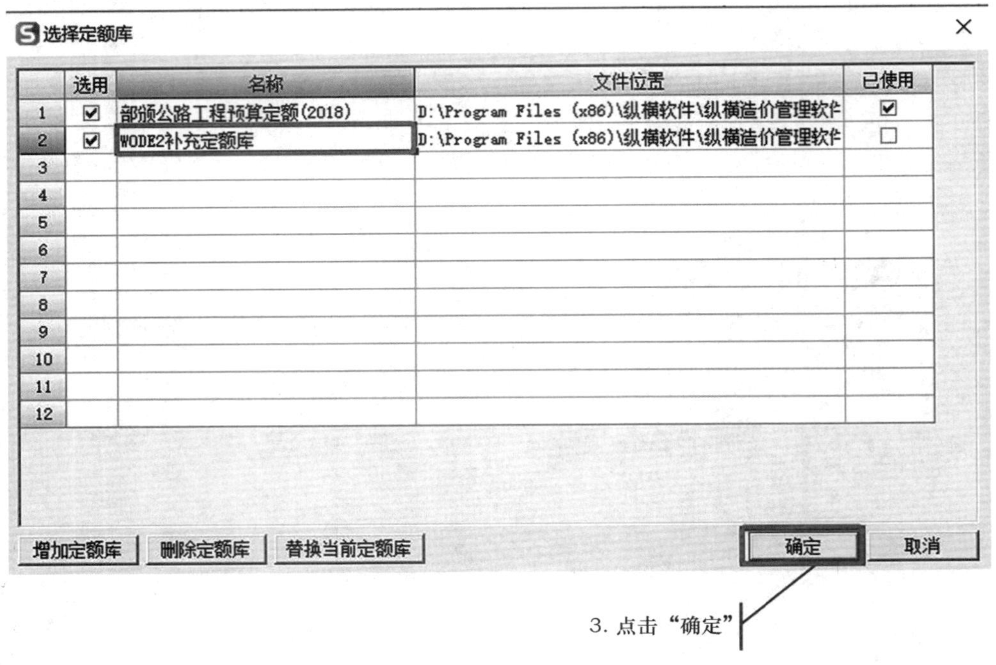

图 12-34　添加补充定额库

④点击造价书界面右上角“定额库”左侧的下拉框，选择补充定额库，如图 12-35。

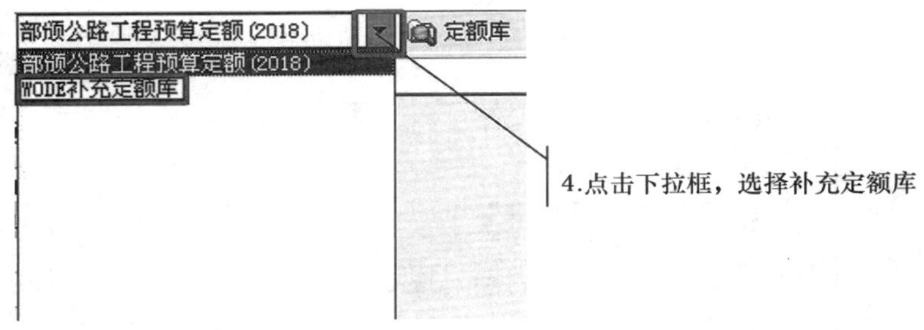

图 12-35　选择补充定额库

⑤点击造价书界面右上角的“定额选择”，在定额库中选择要添加的补充定额。补充定额添加好后，需根据定额所属工程类别选择相应的工程类别，如图 12-36。

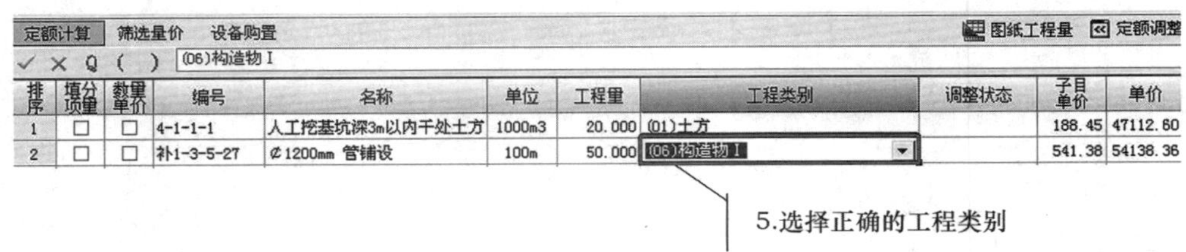

图 12-36　完善补充定额的工程类别

任务 13 操作分摊界面

【项目信息】

本项目需计取拌和站建设费 150000 元，要求按照混凝土用量分摊方式分摊至“405-1-b-1，ϕ2.2 m 挖、钻孔桩”“410-1-a-1，现浇 C30 混凝土承台”“410-3-a，现浇 C55 混凝土(连续刚构主梁)”三项工程中。

【问题引入】

1. 什么是分摊？______

2. 什么情况下需要进行分摊操作？______

【操作介绍】

1. 建立分摊源并计算费用。
2. 选择分摊目标。
3. 确定分摊方式。

【任务要求】

根据项目工程内容在软件中完成分摊操作。

分摊

项目：分摊操作

1. 进入分摊界面

点击造价书界面(工程量清单)左侧导航栏上的分摊图标 分摊，切换到分摊界面(仅工程量清单文件类型有分摊界面选项)。

2. 建立分摊源信息

在分摊界面左上方窗口中建立分摊源，输入分摊源的“名称”“单位”“数量”信息，如图 13-1。

执行分摊 取消分摊 取消所有分摊

	名称	单位	数量	单价	金额
1	拌和站建设费	元	1.000		
2					
3					
4					
5					
6					

输入分摊源的“名称”“单位”“数量”

图 13-1 建立分摊源信息

3. 计算分摊源费用

在“定额计算”窗口中输入分摊源的名称、单位、工程量、单价，或者以套取定额的方式计算分摊源的费用，如图 13-2。

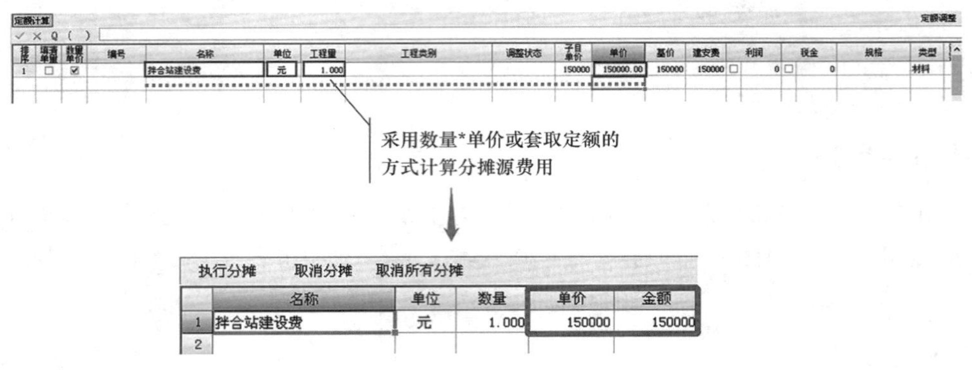

图 13-2　计算分摊源费用

4. 执行分摊

点击分摊窗口左上方的“执行分摊”，在弹出的“执行分摊”窗口中勾选三个分摊目标：“405-1-b-1，ϕ2.2 m 挖、钻孔桩”“410-1-a-1，现浇 C30 混凝土承台”“410-3-a，现浇 C55 混凝土(连续刚构主梁)”。根据项目要求选择分摊方式“按混凝土用量分摊”。点击右下角“确定”，如图 13-3。

图 13-3　选择分摊目标、分摊方式执行分摊

5. 取消分摊

若要取消分摊，选择该分摊源，点击分摊窗口左上角的“取消分摊”。若有多个分摊源需要取消所有分摊，则点击分摊窗口左上角的“取消所有分摊”。

任务 14　编辑工料机界面

14.1　项目：编辑工料机价格

【项目信息】

本项目人工(含机械工)预算单价 103.86 元，汽油预算单价 7.67 元，柴油预算单价 6.86 元。

【任务要求】

完成项目工料机部分的操作。

①点击造价书界面左侧导航栏  工料机 图标，切换至工料机界面。

②工料机界面的“工料机”窗口中显示本造价文件所用到的所有工料机。若已知材料的预算单价，如当地材料市场价，则可在材料的“预算单价”列中直接输入，如图 14-1。

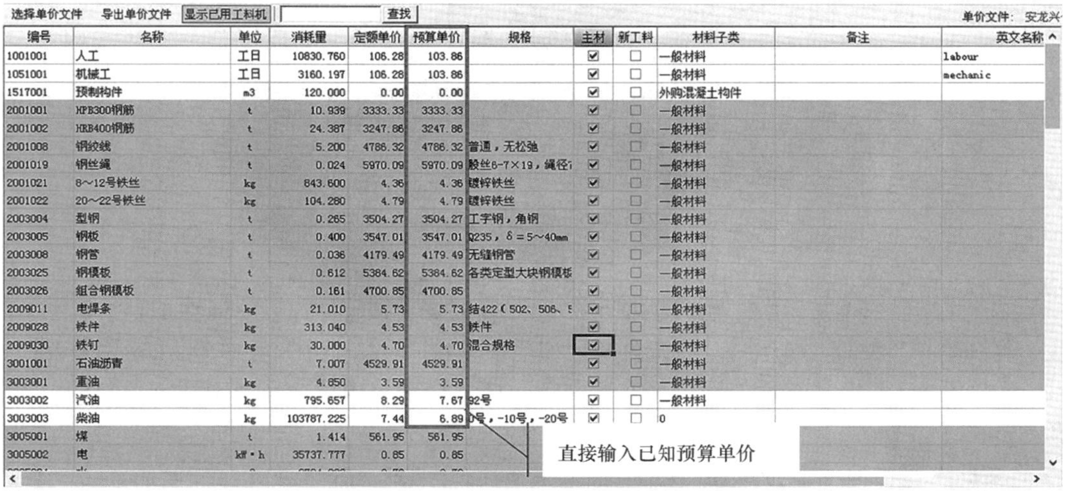

选择单价文件　导出单价文件　显示已用工料机　查找　单价文件：安龙兴

编号	名称	单位	消耗量	定额单价	预算单价	规格	主材	新工料	材料子类	备注	英文名称
1001001	人工	工日	10830.760	106.28	103.86		☑	☐	一般材料		labour
1051001	机械工	工日	3160.197	106.28	103.86		☑	☐	一般材料		mechanic
1517001	预制构件	m3	120.000	0.00	0.00		☑	☐	外购混凝土构件		
2001001	HPB300钢筋	t	10.939	3333.33	3333.33		☑	☐	一般材料		
2001002	HRB400钢筋	t	24.387	3247.86	3247.86		☑	☐	一般材料		
2001008	钢绞线	t	5.200	4786.32	4786.32	普通，无松弛	☑	☐	一般材料		
2001019	钢丝绳	t	0.024	5970.09	5970.09	股丝6-7×19，绳径	☑	☐	一般材料		
2001021	8～12号铁丝	kg	843.600	4.36	4.36	镀锌铁丝	☑	☐	一般材料		
2001022	20～22号铁丝	kg	104.280	4.79	4.79	镀锌铁丝	☑	☐	一般材料		
2003004	型钢	t	0.265	3504.27	3504.27	工字钢，角钢	☑	☐	一般材料		
2003005	钢板	t	0.400	3547.01	3547.01	Q235，δ＝5～40mm	☑	☐	一般材料		
2003008	钢管	t	0.036	4179.49	4179.49	无缝钢管	☑	☐	一般材料		
2003025	钢模板	t	0.612	5384.62	5384.62	各类定型大块钢模板	☑	☐	一般材料		
2003026	组合钢模板	t	0.161	4700.85	4700.85		☑	☐	一般材料		
2009011	电焊条	kg	21.010	5.73	5.73	结422（502、506、5	☑	☐	一般材料		
2009028	铁件	kg	313.040	4.53	4.53	铁件	☑	☐	一般材料		
2009030	铁钉	kg	30.000	4.70	4.70	混合规格	☑	☐	一般材料		
3001001	石油沥青	t	7.007	4529.91	4529.91		☑	☐	一般材料		
3003001	重油	kg	4.850	3.59	3.59		☑	☐	一般材料		
3003002	汽油	kg	795.657	8.29	7.67	92号	☑	☐	一般材料		
3003003	柴油	kg	103787.225	7.44	6.89	0号，-10号，-20号	☑	☐	0		
3005001	煤	t	1.414	561.95	561.95						
3005002	电	kW·h	35737.777	0.85	0.85						

直接输入已知预算单价

图 14-1　录入已知预算单价示意图

14.2 项目：计算材料单价

【项目信息】

1. 石油沥青

供应地点：工厂—工地；供应价格：3800 元/t；运输方式采用汽车，运距 10 km，运价 0.62 元/(t·km)，装卸费 4 元/t，装卸 1 次。

2. 片石

供应地点：料场—工地；自采方式：人工开采；自办运输：3 t 自卸汽车运输配 2 m^3 以内轮胎式装载机装车，运距 3 km。

【任务要求】

根据项目信息，完成石油沥青、片石单价的计算。

1. 计算石油沥青材料单价

①在“工料机”窗口中找到需要计算的材料，双击鼠标选择，系统自动将其添加至“材料计算”窗口中。若有多个材料需要计算，可拖动鼠标选择，再点击鼠标右键选择“成批添加计算材料”。如图 14-2。

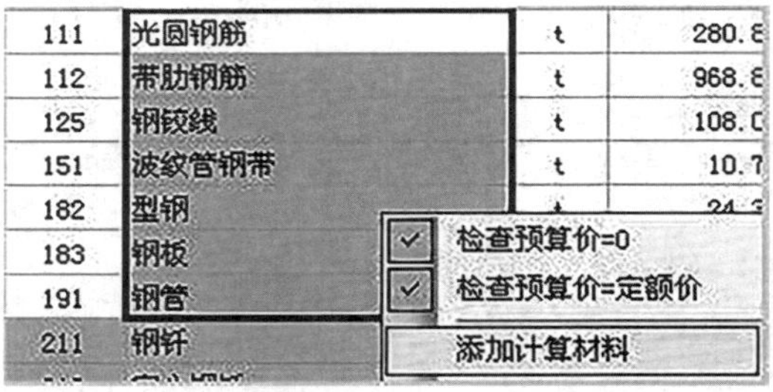

111	光圆钢筋	t	280.8
112	带肋钢筋	t	968.8
125	钢铰线	t	108.0
151	波纹管钢带	t	10.7
182	型钢	t	24.3
183	钢板		
191	钢管		
211	钢钎		

检查预算价=0
检查预算价=定额价
添加计算材料

图 14-2　添加计算材料

②在“运费计算”选项卡中输入该项材料的计算数据，如起讫地点、运输工具、单位运价、运距、装卸费单价、装卸次数等，系统自动计算单位运费，自动刷新预算单价，如图 14-3。

③在“原价”栏中输入材料原价，系统自动计算材料预算单价，自动刷新该项材料的预算单价，如图 14-3。

＊成批设置材料的运费数据

一般情况下，同一供应地点的同类材料的运费计算数据大致相同，逐个输入十分烦琐。可使用“成批添加材料运输起讫地点”功能进行材料运输信息的设置，如图 14-4。操作如下：

在“材料名称”处点击鼠标右键，选择“成批添加材料运输起讫地点”，在弹出窗口的左侧勾选统一设置的材料，在右侧输入运费计算参数。勾选“替换原有起讫地点”，系统则以本次数据为主进行材料费用计算。

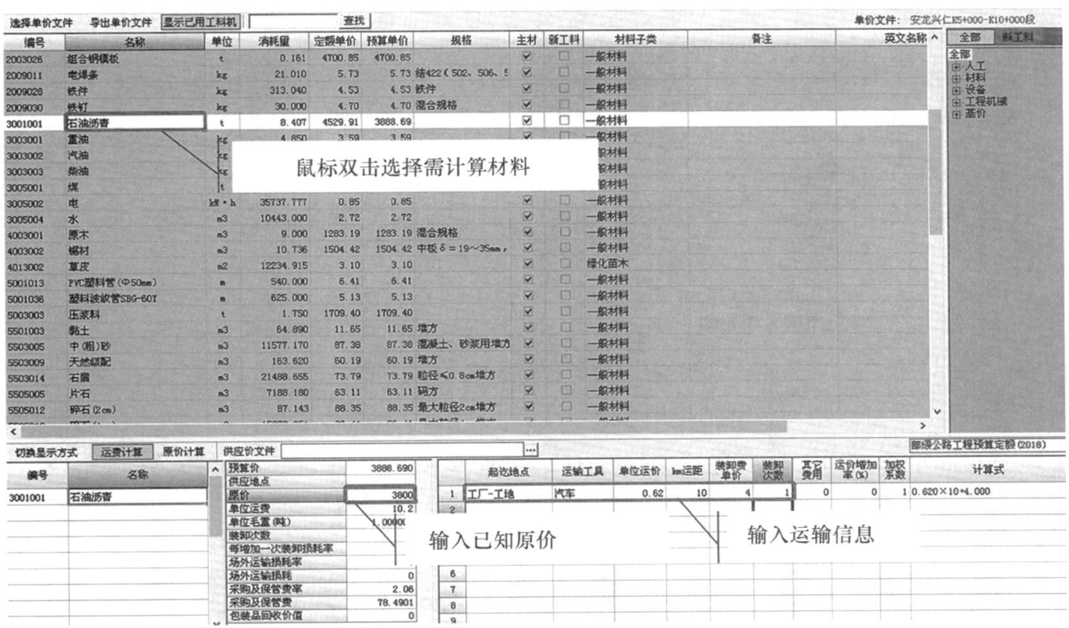

图 14-3 材料运输单价及预算单价的计算

图 14-4 “成批添加材料运输起讫地点”设置

2. 计算片石材料单价(图 14-5~图 14-7)

①在“工料机”窗口中鼠标双击“片石”，将其添加至下方的材料计算窗口。

②在“运费计算”窗口输入片石的起讫地点，“运输工具”选择“自办运输”。

③在“定额”窗口中，鼠标双击“定额编号”单元格，系统自动弹出定额库，在定额库“第九章材料运输”中选择片石所需的运输定额，添加后填写定额工程量及运距，系统自动计算单位运费，自动刷新预算单价。

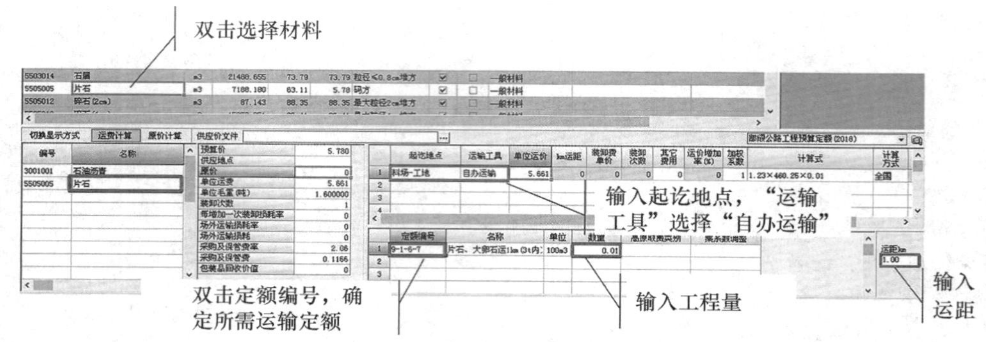

图 14-5　材料自办运输单价的计算 1

④双击定额编号单元格选择运输片石的另一定额“2 m^3 以内轮胎式装载机装车”，添加后填写定额工程量，系统自动计算单位运费，自动刷新预算单价。

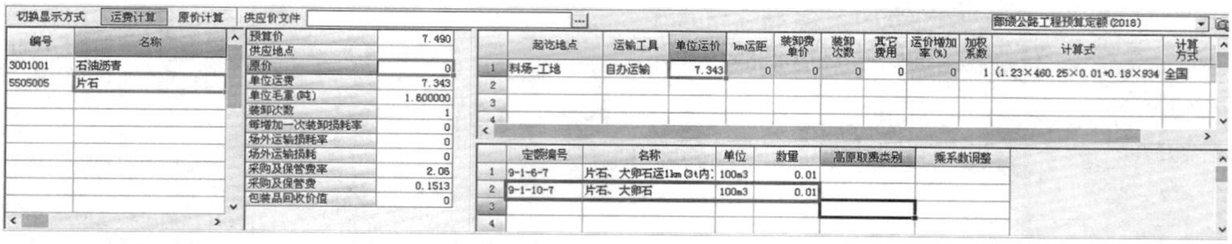

图 14-6　材料自办运输单价的计算 2

⑤鼠标点击材料计算窗口左上方的“原价计算”，切换至“原价计算”选项卡。

⑥输入材料的供应地点，在定额窗口鼠标双击“定额编号”单元格，在定额库“第八章材料采集”中选择片石的采集定额，填写定额工程量，系统自动计算材料原价，自动刷新材料预算单价。

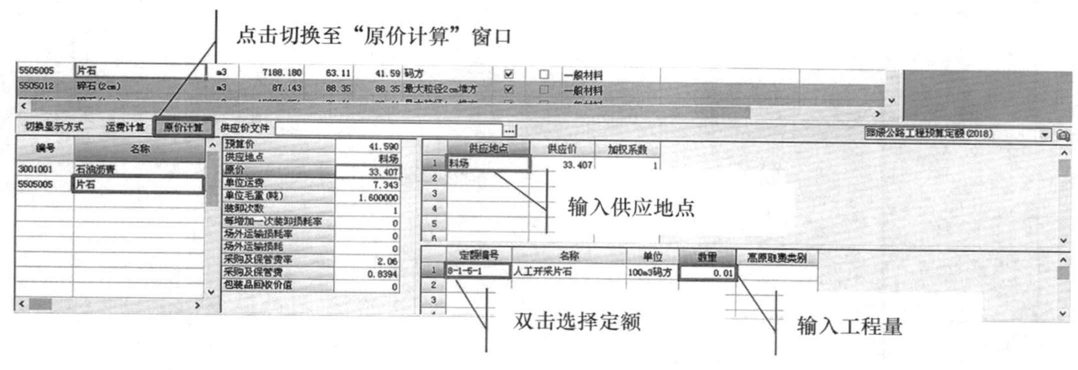

图 14-7　材料自采单价的计算

14.3　项目：编辑机械价格

【项目信息】

本项目机械工预算单价 103.86 元，汽油预算单价 7.67 元，柴油预算单价 6.86 元，车船税采用“湖南车船税标准(2012)2018 版”。

【任务要求】

根据项目信息在软件中进行机械价格计算。

①在工料机界面将机械工预算单价 103.86 元、汽油预算单价 7.67 元、柴油预算单价 6.86 元分别输入材料预算单价列。

②点击工料机界面左侧导航栏的“机械单价”图标 机械单价，切换至机械单价界面。

③选择机械单价界面中的“车船税标准”，根据项目要求选择合适的车船税标准。系统自动计算机械预算单价，自动刷新机械预算单价，如图 14-8。

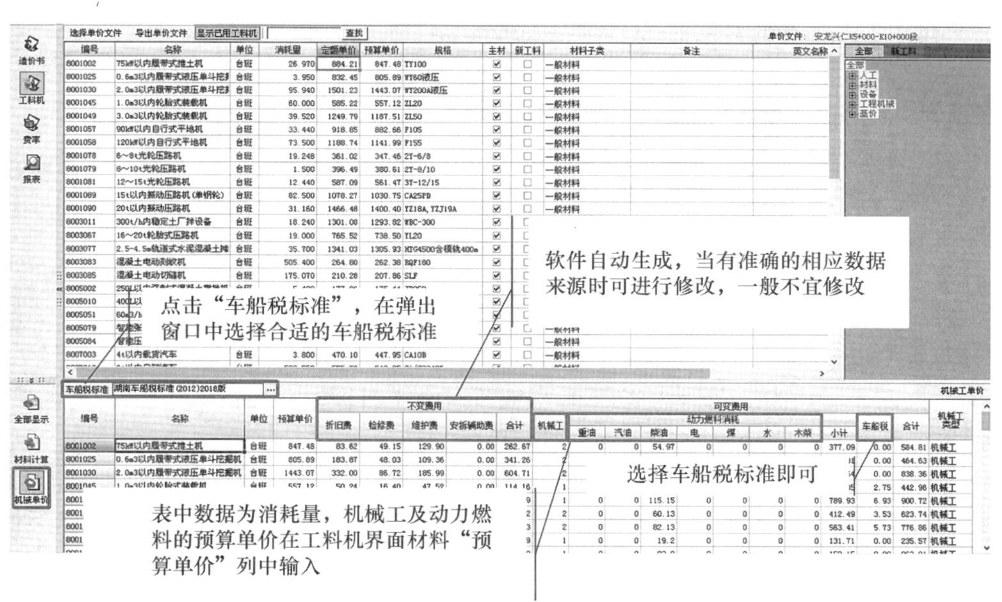

图 14-8　机械预算单价的计算

机械预算单价 =（各机械每台班动力燃料、机械工等的消耗量）×（动力燃料、机械工的预算单价）+车船税

不变费用：允许修改，但除非本企业有准确的相应数据，一般不宜修改。

可变费用：每台班动力燃料、机械工等的消耗量，按《机械台班费用定额》取值。消耗量一般不宜修改，修改后，系统自动重算机械单价。可变费用小计随相关材料预算单价（如汽油、柴油、机械工等）改变而变化。

车船税：从车船税标准中获得，车船税标准由当地的造价主管部门发布，根据工程所在省份，选择相应的车船税标准。要修改车船税标准，可在菜单“工具”→“养路费车船税标准编辑器”内修改，如图 14-9。

系统预置的标准不允许修改，要修改请另存一个文件名。在机械计算窗口中选择标准即可。

养路费车船税标准编辑器 - D:\Program Files (x86)\纵横软件\纵横造价管理软件(学习版)10.1\养路费车船税标准\湖南车船税标准(2012)2018版.sdat

打开 保存 另存 | 增加 删除 | 删除当前列数据 全部计算 | 关闭

	编号	名称	规格	单位	合计	养路费(元/吨·月)	使用税(元/吨·年)	养路费计量吨	使用税计量吨	年工作月	年工作台班
1	8001013	135kW以内轮胎式推土机	TL180A	台班	6.640	0.000	84.000	0.000	15.800	12	200
2	8001038	0.2m3以内轮胎式液压单斗挖掘机	WY20液压	台班	2.940	0.000	84.000	0.000	7.000	12	200
3	8001039	0.4m3以内轮胎式液压单斗挖掘机	WY40液压	台班	5.250	0.000	84.000	0.000	12.500	12	200
4	8001040	0.6m3以内轮胎式液压单斗挖掘机	WY60液压	台班	6.930	0.000	84.000	0.000	16.500	12	200
5	8001044	0.5m3以内轮胎式装载机	ZL10	台班	1.810	0.000	84.000	0.000	4.300	12	200
6	8001045	1.0m3以内轮胎式装载机	ZL20	台班	2.750	0.000	84.000	0.000	6.550	12	200
7	8001046	1.5m3以内轮胎式装载机	ZL30	台班	3.990	0.000	84.000	0.000	9.500	12	200

图 14-9 “养路费车船税标准编辑器”

14.4 项目：其他功能

在工料机界面点击鼠标右键，弹出快捷工具栏，工具栏有如下功能：

“检查预算价=0”“检查预算价=定额价”：指在修改调整完工料机预算价后，检查是否有预算价等于 0 的工料机或者预算价=定额价的工料机。

“添加计算材料”：指将选中的材料添加至材料计算窗口。

“计算当前材料”：指对当前材料进行计算。

“删除计算材料”：指将材料的计算内容删除。

“计算综合电价”：对综合电价进行计算。

“保存到新工料机库”：将当前新工料机或所有新工料机保存到新工料机库。

“计算所有工料机”：对所有工料机进行刷新运算。

“导入 Excel 预算价”：将可被软件识别的 Excel 预算价文件导入进行刷价处理。Excel 预算文件的格式可参考纵横软件安装目录之“例题”文件夹中的“材料预算价示例”模板进行编辑。

“材料除税”：对含税材料预算价进行除税处理。但需先将含税价输入在“材料除税”窗口中，如图 14-10。

“定位至造价书”：选中材料后选择该功能，软件将自动切回造价书界面显示该材料相应的工程项目、定额信息。

材料除税

	选用	编号	名称	型号规格	单位	含税价(元)	税率(%)	预算价(元)	新材料	备注
1	□	2001001	HPB300钢筋		t	3333.33	13	2949.85	□	
2	□	2001002	HRB400钢筋		t	3247.86	13	2874.21	□	
3	□	2001019	钢丝绳	股丝6-7×19，绳径7.1－9.	t	5970.09	13	5283.27	□	
4	□	2001022	20～22号铁丝	镀锌铁丝	kg	4.79	13	4.24	□	
5	□	2003005	钢板	Q235，δ＝5～40mm	t	3547.01	13	3138.95	□	
6	□	2003008	钢管	无缝钢管	t	4179.49	13	3698.66	□	
7	□	2003022	钢护筒		t	4273.5	13	3781.86	□	
8	□	2003025	钢模板	各类定型大块钢模板	t	5384.62	13	4765.15	□	
9	□	2003028	安全爬梯		t	8076.92	13	7147.72	□	
10	□	2009003	空心钢钎	优质碳素工具钢	kg	6.84	13	6.05	□	
11	□	2009004	Φ50mm以内合金钻头	Φ43mm	个	31.88	13	28.21	□	
12	□	2009011	电焊条	结422（502、506、507）3.:	kg	5.73	13	5.07	□	
13	□	2009013	螺栓	混合规格	kg	7.35	13	6.5	□	
14	□	2009028	铁件	铁件	kg	4.53	13	4.01	□	
15	□	3003001	重油		kg	3.59	13	3.18	□	
16	□	3003002	汽油	92号	kg	8.29	13	7.34	□	
17	□	3003003	柴油	0号，-10号，-20号	kg	7.44	13	6.58	□	
18	□	3005001	煤		t	561.95	9	515.55	□	
19	□	3005002	电		kW·h	0.85	13	0.75	□	
20	□	3005004	水		m3	2.72	3	2.64	□	

□ 全选

注：用户可根据实际情况自行修改税率取值。预算价 = 含税价/(1+税率)

确 定　取 消

图 14-10　“材料除税”窗口

任务 15　操作调价界面

【问题引入】

1. 什么情况下要对造价文件进行调价？＿＿＿＿＿＿＿＿＿＿＿＿＿＿＿＿＿＿＿＿

2. 调价的目的是什么？＿＿＿＿＿＿＿＿＿＿＿＿＿＿＿＿＿＿＿＿＿＿＿＿＿＿＿

【操作介绍】

软件提供两种调价方式：正向调价、反向调价。

【任务要求】

完成项目调价的操作。

15.1　项目：正向调价

调价

【项目信息】

本项目要求通过调整人工、材料、机械的消耗量来进行调价操作，调整系数为 0.878。

【任务要求】

根据项目信息完成正向调价的操作。

正向调价是指通过调整工料机消耗、工料机单价、综合单价、费率，即各项工程与各自的调价系数相乘，得到调整后报价，如图 15-1。

①点击左侧导航栏上的调价图标 调价 ，切换到“调价”界面。

②选择调价范围。在左侧的“选择”列内勾选。

③设置调价系数。如本项目要求调整人工、材料、机械的消耗量，调价系数为 0.878，鼠标点击“调价”界面左上方的“成批调整消耗”，在弹出窗口中的“人工”“材料”“机械”框内分别输入调价系数，点击“确定”。

若要调整其他内容，则点击相应的调整选项，输入相应的调价系数。工料机消耗与工料机单价、综合单价、费率可以同时起作用。

④点击“正向调价”，软件自动计算出调整后报价。

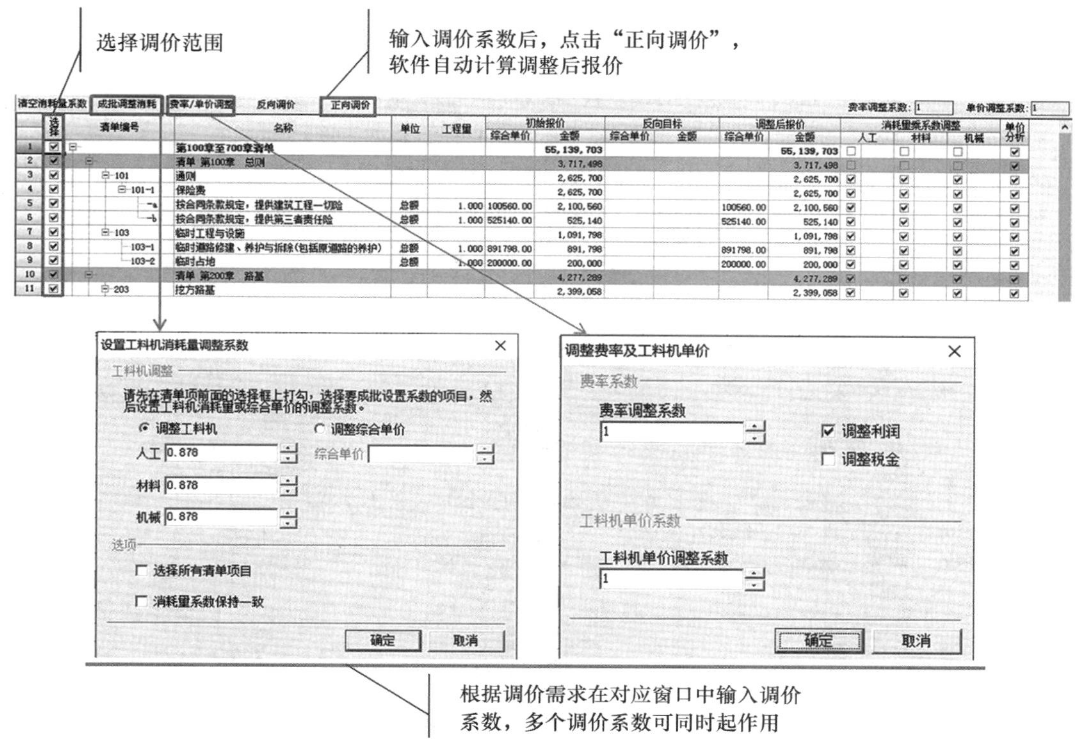

图 15-1　正向调价的操作示意图

注：《公路工程预算定额》中，工料机消耗量体现的是社会平均消耗量，一般偏高。施工企业可通过提高项目管理水平来提高工效、降低消耗。因此，投标竞争中，“定额消耗量”有很大的下调空间。工料机预算单价为市场价，在某一时期内是基本固定的，若对预算单价进行了过大的调整，则清单单价分析时会明显不合理。

15.2　项目：反向调价

【项目信息】

本项目第 100 章至第 700 章的清单目标价为 5500 万元。

【任务要求】

根据项目信息完成反向调价的操作。

反向调价是根据目标金额反算出调价系数，通过系统后台计算得到调整后报价，如图 15-2。

①点击左侧导航栏上的调价按钮 ，切换到“调价”窗口。

②选择调价范围。在左侧的“选择”列内勾选。

③在“反向目标”的“金额”列输入目标金额。若是已知目标综合单价，则在“综合单价”列输入目标综合单价。

④点击“反向调价”，软件自动反算出调价系数并计算得到调整后报价。

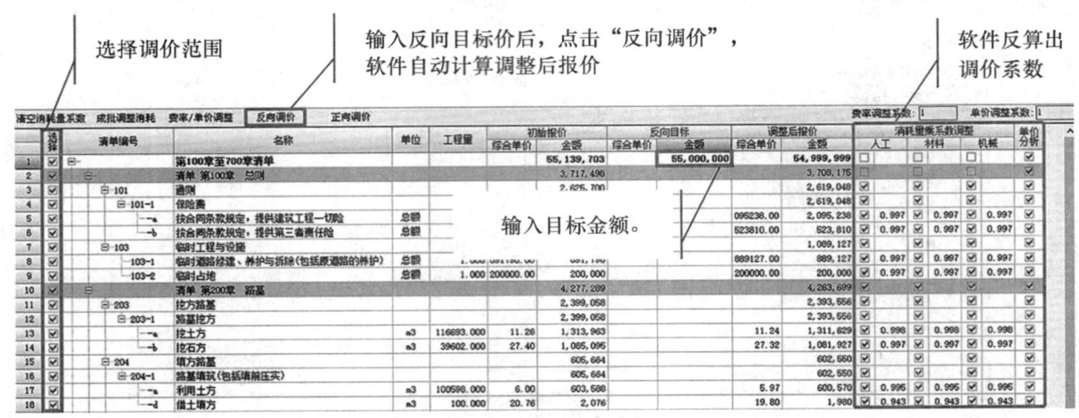

图 15-2　反向调价的操作示意图

任务 16　报表编辑与打印

【任务要求】

熟悉报表界面的操作，掌握报表输出的方法。

16.1　项目：报表编辑

1. 打开报表界面

在造价书界面点击左侧导航栏的“报表”图标，切换至报表界面。

2. 查看报表

报表界面的左侧窗口为文件目录窗口，显示了项目工程的造价文件编制类型应生成的所有报表。可单击鼠标左键选择任意报表，选中的报表文件内容将出现在报表界面的右侧窗口中，如图 16-1。

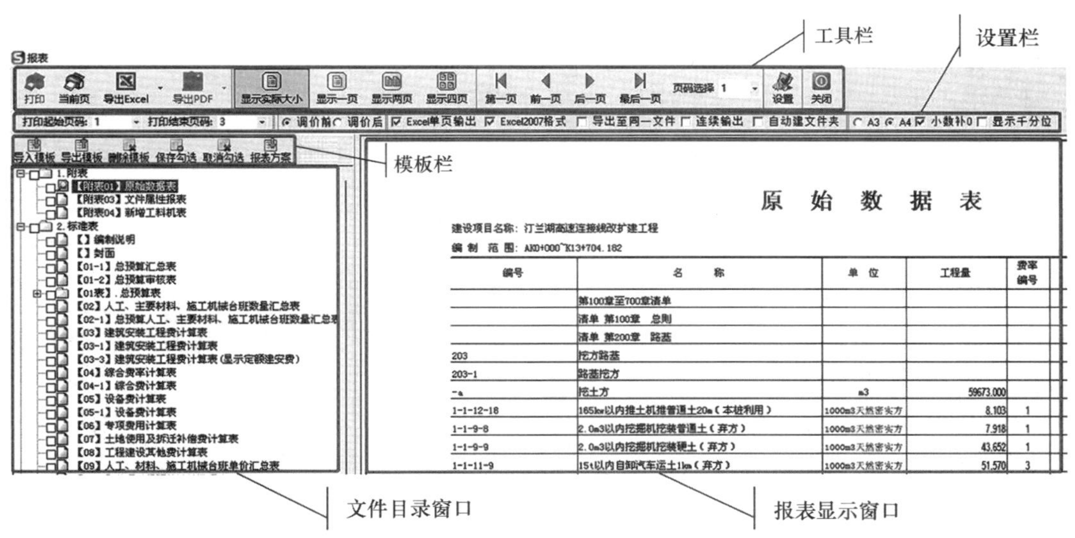

图 16-1　报表界面

3. 报表显示设置

在设置栏，可选择 ⊙ 调价前 ○ 调价后 进行报表数据的查看(仅针对清单文件)，也可以对报表中的数据显示进行设置，如 ☑ 小数补0 □ 显示千分位 ；在工具栏，可选择报表在显示窗口的显示状态 显示实际大小 显示一页 显示两页 显示四页 ，也可点击 第一页 前一页 后一页 最后一页 页码选择 1 进行翻页或页码选择。

4. 设置报表

鼠标选择工具栏的 设置 图标，可对报表的页码、页面、报表格式进行相应设置。设置后点击"确定"进行保存，若需取消则选择"恢复默认值"。

16.2 项目：报表打印

1. 输出报表

输出报表即导出报表，软件提供两种导出格式：PDF 和 Excel。

①勾选报表输出范围：在报表界面左侧的文件目录窗口中选中需要输出的报表文件，点击鼠标左键勾选文件前的方框。

②选择导出格式：在导出前，鼠标在设置栏确定报表导出的相关设置：☑ Excel单页输出 ☑ Excel2007格式 □ 导出至同一文件 □ 连续输出 □ 自动建文件夹 。

其中，"Excel 单页输出"：单页保存模式；"Excel2007 格式"：导出的表格为 2007 格式样本；"导出至同一文件"：所选的报表文件导出到同一个文件夹中；"连续输出"：报表连续输出；自动建文件夹：软件导出报表文件时自动建立文件夹。

确定好后，鼠标点击工具栏的 导出Excel 图标，软件弹出"另存为"窗口，选择报表输出路径，点击"保存"即可。软件提供"导出当前标段/导出多个标段"的选项，可通过点击 导出Excel 图标右侧的 ▼ 进行选择。若导出多个标段，软件将弹出"标段选择"对话框供导出项目的选择，鼠标勾选导出项目后点击"确定"即可进入"保存"对话框。导出 PDF 报表格式方式同导出 Excel 报表格式。

③输出报表：在设定好报表导出格式后，鼠标点击"确定"，在弹出的"保存"窗口中，选择保存路径，完成报表的输出。(高校教学版不提供报表输出功能。)

2. 打印报表

鼠标勾选需要打印的报表，单击工具栏的 打印 图标，即可打印。若仅需打印报表中的部分页，在选中报表后，设置栏设置 打印起始页码: 打印结束页码: ，点击工具栏 当前页 图标，即可打印。(高校教学版不提供打印功能。)

3. 模板导入与导出

已经设置好的报表格式可以点击“导出模板”导出模板导出软件并生成报表模板，也可以点击“导入模板”导入模板将其他报表模板导入软件并运用在现有报表文件格式上。若需删除报表正在使用的模板格式，单击“删除模板”删除模板即可。

4. 勾选保存与取消

“保存勾选”保存勾选指用鼠标勾选所需的报表文件后点此图标，软件即把勾选的报表文件生成报表方案；“取消勾选”取消勾选指取消已勾选的报表；“报表方案”报表方案指保存勾选报表方案后，如其他项目也需要相同的报表方案，则可以直接选择该报表方案。

思政课堂

思政元素：主动求变、创新精神

当前，造价行业面临着项目工程的多元变化、传统工程向数字化工程的转变，根据大数据信息化、智能化改革发展新要求，我们应通过主动求变来破解造价执业过程中遇到的新情况和新问题，在熟练掌握不断更新的工程造价文件编制软件、工程计量支付软件等的基础上，顺应BIM(建筑信息模型)、大数据、人工智能等新技术对造价信息化的冲击与变革，注重新方法、新技术、新工艺、新机械的应用，用灵活方法、多变思维去破解造价过程中遇到的各类新问题，用创新意识推动自己职业能力的提升，编制更精准化的造价文件。

案例描述1：雷神山医院是与病魔赛跑、与死神竞速的建筑项目，时间紧、任务重，项目推进过程中存在边设计边施工边修改、人材机严重超标等问题，因此项目跟踪审计存在预算造价审核难、成本费用核定难。针对这些情况，跟踪审计组抓住项目预算审核的关键点，分三个小组展开工作，第一组通过现有图纸审核预算，第二组根据现场实际进行审核，第三组重点关注紧急情况下的设计变更，最后由组长负责汇总形成预算结论，准确核实项目在正常施工条件下的正常造价，对人工、材料、机械设备消耗量及费用、管理费、利润、税金情况进行分析把关，为成本的差异分析与结算审核打下基础。

思考题：你认为在国家紧急项目建设过程中，工程造价师如何在多变的情形下，运用灵活、创新的思维去进行工程的成本控制？

案例描述2：在某项目的一次施工过程中，工程造价师发现了一处墙体开裂的问题，并及时向项目经理报告。工程技术专家分析发现是施工时墙体加固材料不足导致。工程造价师在解决问题的过程中，不仅展现了自己的专业能力，同时也体现了正确的职业道德和责任感。

思考题：你认为工程造价师在工作中应具备哪些能力？如何培养这些能力？

模块三　技能操作与提高

任务 17　公路工程造价软件清单编制实例

17.1　项目：路基土石方工程清单文件编制实例

一、工程概况

项目概况：汀兰湖高速连接线改扩建工程，位于湖南省长沙县，起止桩号 AK0+000～K13+704.182(全长 13.704182 km)，设计速度 100 km/h，养护月数 12 个月，路基宽 26 m，双向四车道，沥青混凝土路面，桥梁长度 400 m，行车干扰次数 501～1000 次，施工队伍来自长沙市，主副食、煤供应运距分别为：粮食 5 km，燃料 6 km，蔬菜 5 km，水 5 km。

二、编制依据

①《汀兰湖高速连接线改扩建工程两阶段施工图设计》。

②《公路工程建设项目概算预算编制办法》(JTG 3830—2018)。

③《公路工程标准施工招标文件(2018 年版·第三册)》(工程量清单计量规则)。

④《公路工程预算定额》(JTG/T 3832—2018)。

⑤《公路工程机械台班费用定额》(JTG/T 3833—2018)。

⑥《湖南省交通运输厅关于发布〈公路工程建设项目投资估算编制办法〉〈公路工程建设项目概算预算编制办法〉补充规定的通知》(湘交基建〔2019〕74 号)。

⑦《财政部、税务总局关于调整增值税税率的通知》(财税〔2018〕32 号)。

三、工料机单价及相关费用规定

①人工费：按有关规定的人工费标准执行。

②材料费：

a. 外购材料采用项目所在地区价格信息，砂石等地方材料按自采材料计算价格。

b. 汽车运费按当地有关规定标准计算。

③机械费：机械台班单价按《公路工程机械台班费用定额》(JTG/T 3833—2018)计算，车船税按国家规定进行选取。

④措施费、企业管理费、规费、利润、税金按《公路工程建设项目概算预算编制办法》(JTG 3830—2018)结合工程项目实际情况进行计取。

四、编制流程(项目 17.1、项目 17.2)

本实例采用纵横公路工程造价管理软件编制。可采用同望工程造价管理软件(V10 以上版本)进行编制对比。

1. 新建文件

(1)新建建设项目

打开纵横公路工程造价管理软件，在项目管理界面完成工程项目的新建，如图 17-1。

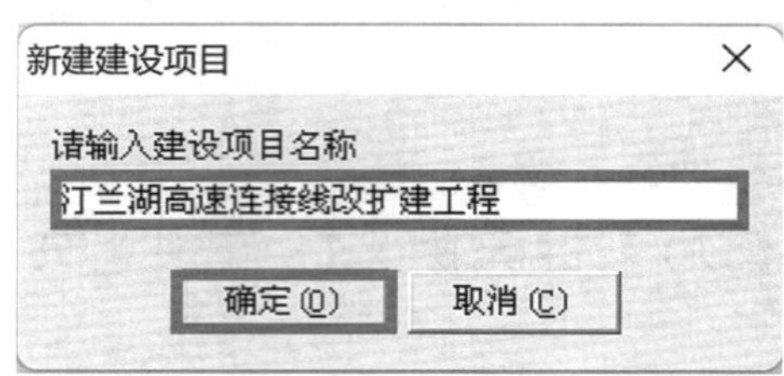

图 17-1　新建建设项目

(2)新建分段文件(图 17-2)

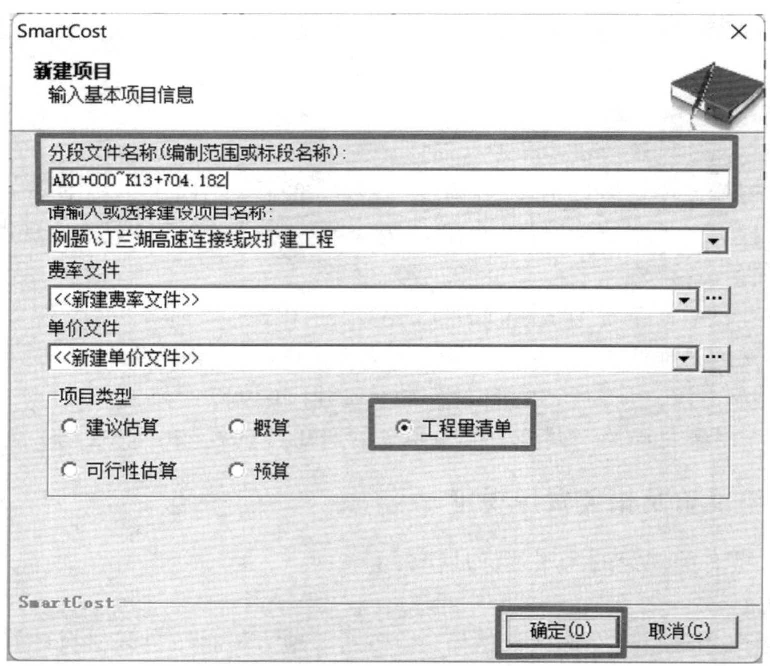

图 17-2　新建分段文件

2. 项目属性

①在造价书界面点击工具栏“项目属性”图标，打开“项目属性”窗口。

②基本信息：“建设单位”“编制单位”因本实例未提及，可自设；编制人信息自设（图 17-3）。设定好后点击“属性参数”选项卡。

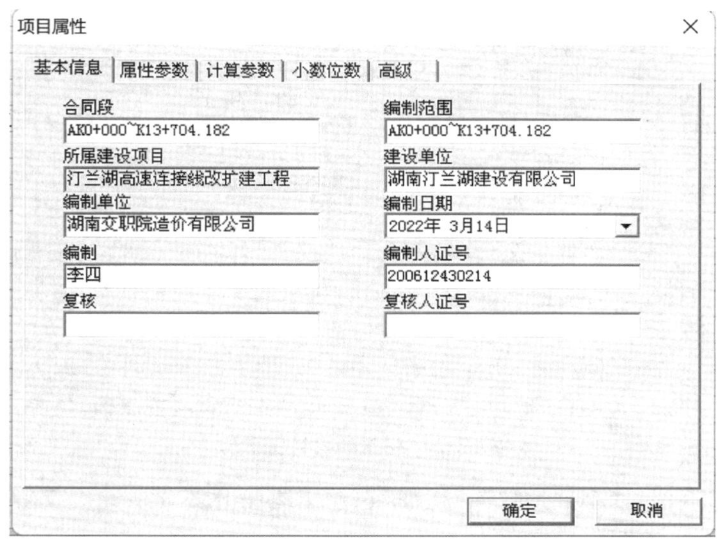

项目属性

基本信息 | 属性参数 | 计算参数 | 小数位数 | 高级

合同段	编制范围
AK0+000~K13+704.182	AK0+000~K13+704.182
所属建设项目	建设单位
汀兰湖高速连接线改扩建工程	湖南汀兰湖建设有限公司
编制单位	编制日期
湖南交职院造价有限公司	2022年 3月14日
编制	编制人证号
李四	200612430214
复核	复核人证号

确定　取消

图 17-3　完善项目基本信息

③属性参数：“数据文件号”自设。“工程所在地”信息在项目概况中可获取。根据工程所在地确定当地的地形类别为平原微丘区，项目是改（扩）建工程，高速公路，设计速度 100 km/h，沥青混凝土路面，其余属性参数均可从工程概况中获取（图 17-4）。设定好后点击“计算参数”选项卡。

项目属性

基本信息 | 属性参数 | 计算参数 | 小数位数 | 高级

数据文件号	001	路基宽度(m)	26
工程所在地	湖南	路线长度(公路公里)	13.704182
地形类别	平原微丘	桥梁长度(km)	0.4
新建/改(扩建)	改(扩)建	隧道长度(km)	
公路技术等级	高速公路	桥隧比例(%)	2.92
设计速度(km/h)	100	互通交叉数量(km/处)	
路面结构	沥青混凝土	支线、联络线长度(km)	
起止桩号	000-AK13+704.182	辅道、连接线长度(km)	

确定　取消

图 17-4　完善项目属性参数

④计算参数："利润率"按照当前利润、税率进行确定。"工料机单价计算"的参数根据编制办法进行确定；本项目所在地非高原地区，因此取消勾选"计算高原地区施工增加"，如图17-5。

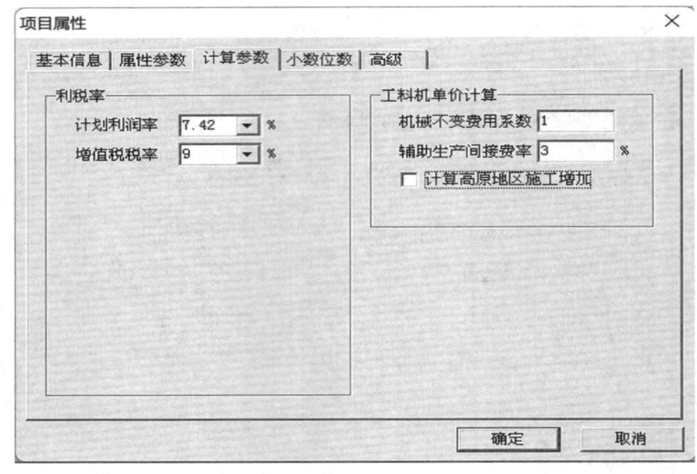

图 17-5　完善项目计算参数

⑤小数位数、高级："小数位数""高级"选项卡内信息不做更改。点击"项目属性"窗口右下角的"确定"进行属性信息保存。

3. 费率

根据《公路工程建设项目概算预算编制办法》(JTG 3830—2018)结合工程项目实际情况进行计取。点击造价书界面左侧导航栏，选择"费率"，切换至费率界面，在"费率计算参数"窗口进行本项目费率的设定，如图17-6。

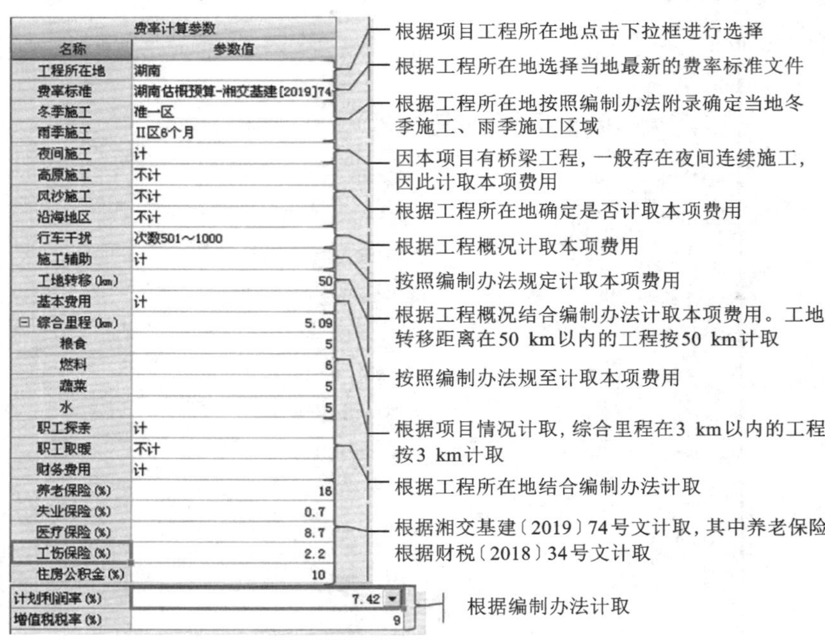

图 17-6　设置费率

4. 造价书(表 17-1)

表 17-1　路基土石方数量计算表

湖南交通职业技术学院工程造价系列教材　　S3-2-24　第4页　共4页

桩号	横断面面积(m²) 挖方	横断面面积(m²) 填方	距离(m)	挖方分类及数量(m³) 总数量	土 I %	土 I 数量	土 II %	土 II 数量	土 III %	土 III 数量	石 IV %	石 IV 数量	石 V %	石 V 数量	石 VI %	石 VI 数量	填方数量(m³) 总数量	填方 土	填方 石	利用方数量及调配(m³) 本桩利用 土	本桩利用 石	填缺 土	填缺 石	挖余 土	挖余 石	远运利用及纵向调配示意	备注
1	2	3	4	5	6	7	8	9	10	11	12	13	14	15	16	17	18	19	20	21	22	23	24	25	26	27	28
K17+995	20.29	59.80																									
			5.00	85.9					90	77.3	10	8.6					461.4	377.8	83.6	77.3	8.6	334.5					
K18+000	14.06	124.75																									
			16.00	225.4					90	202.9	10	22.5					2715.3	2592.2	123.0	202.9	22.5	2622.6					
K18+016	14.12	214.66																									
			17.18	289.0					90	260.1	10	28.9					4367.2	4335.8	31.4	260.1	28.9	4465.9					
K18+033.179	19.52	293.77																									
			371.82						90		10																
K18+405	46.54	32.95																									
			15.00	734.1					90	660.7	10	73.4					247.1	247.1		269.4				391.3	73.4		
K18+420	51.34	0.00																									
小计				1334						1201		133					7791	7553	238	810	60	7423		391	73		
累计				66388				16021		43652		4834		1881			183856	176676	7169	8103	6595	169691		51570	120		

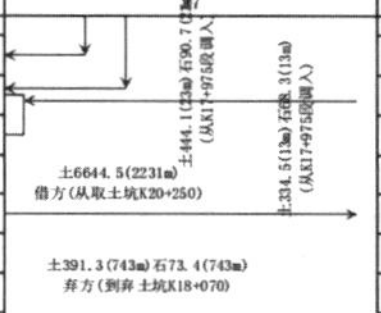
土444.1(23m)石90.7(23m)
(从K17+975段调入)
土334.5(13m)石83.3(13m)
(从K17+975段调入)
土6644.5(2231m)
借方(从取土坑K20+250)
土391.3(743m)石73.4(743m)
弃方(到弃土坑K18+070)

(1)提取工程量(表 17-2)

表 17-2　路基土石方工程量　　单位：m³

挖方：66388							填方：183856		
类别	土方			石方			类别	土方	石方
	松土	普通土	硬土	软石	次坚石	坚石			
天然密实方	0	16021	43652	4834	1881	0	压实方	176676	7169

本桩利用			借方			弃方		
类别	土方	石方	类别	土方	石方	类别	土方	石方
天然密实方	8103	6595	压实方	169691	0	天然密实方	51570	120

(2)土石方平衡

根据表 17-2 中的工程量，分析发现挖方、本桩利用、弃方的工程量均为天然方，填方、借方的工程量均为压实方。

土石方平衡公式：

挖方－弃方＝利用方

利用方＋借方＝填方

挖方－弃方＋借方＝填方

①土方：

挖土方(天然密实方)＝普通土+硬土＝16021+43652＝59673 m^3

弃土方(天然密实方)＝51570 m^3＝弃普通土(16021−8103＝7918 m^3)+弃硬土(43652 m^3)

本桩利用土方(压实方)＝8103/1.16＝6985 m^3

借土方(压实方)＝169691 m^3

填土方(压实方)＝176676 m^3

土方平衡：

挖土方＝本桩利用土方+远运利用土方+弃土方＝8103+0+51570＝59673 m^3

填土方＝本桩利用土方+远运利用土方+借土方＝8103/1.16+0+169691＝176676 m^3

$$填土方=挖土方-弃土方+借土方=\left(\frac{16021}{1.16}+\frac{43652}{1.09}\right)-\left(\frac{7918}{1.16}+\frac{43652}{1.09}\right)+169691=176676\ m^3$$

②石方：

挖石方−弃石方+借石方＝填石方

挖石方(天然密实方)＝软石+次坚石＝4834+1881＝6715 m^3

弃石方(天然密实方)＝120 m^3

本桩利用石方(压实方)＝6595/0.92＝7169 m^3

借石方＝0 m^3

石方平衡：

挖石方＝本桩利用石方+远运利用石方+弃石方＝6595+0+120＝6715 m^3

填石方＝本桩利用石方+远运利用石方+借石方＝(6595+0+0)/0.92＝7169 m^3

填石方＝挖石方−弃石方+借石方＝(6715−120+0)/0.92＝7169 m^3

(3)查看清单计价规则(表17−3)

表17−3　清单计价规则

子目编码	子目名称	单位	工程量计量规则	计价内容
203	挖方路基			
203−1	路基挖方			
−a	挖土方	m^3	1.依据图纸所示位置及尺寸，按挖土方天然密实体积，不区分土壤类别(包含松土、普土、硬土)，以立方米为单位计量； 2.边沟、排水沟、截水沟的沟槽(流水断面)土方数量列入路基挖土方子目中计量，其断面补挖土方作为排水圬工的附属工作，不单独列项计量，二者不得重复计算； 3.图纸设计运距的运输费用已包含在本子目综合单价中，不另行计量	1.挖、装、运输、卸车； 2.填料分理、弃土； 3.施工场地(作业面)范围内临时道路、防护、排水处理； 4.路床顶面以下300 mm挖松再压实、路床清理； 5.弃土场弃方整形、碾压； 6.边坡、路基整修

续表17-3

子目编码	子目名称	单位	工程量计量规则	计价内容
-b	挖石方	m^3	1. 依据图纸所示位置及尺寸，按挖石方天然密实体积，不区分岩石类别(包含软石、次坚石、坚石)，只区分不同开挖方式，以立方米为单位计量； 2. 钻爆开挖含光面爆破、预裂爆破、微差爆破、定向爆破、硐室爆破、人工辅助作业等多种组合方式；对于有空中缆线、地下管线，以及开挖边界线外可能受爆破影响的建筑物、居民住宅等不能满足安全距离的石方，可采用化学静态破碎或直接应用机械开挖，其中机械开挖指挖掘机带破碎锤等通过机械凿岩破碎的方式； 3. 边沟、排水沟、截水沟的沟槽(流水断面)石方数量列入路基挖石方子目中计量，其断面补挖石方作为排水圬工的附属工作，不单独列项计量，二者不得重复计算； 4. 图纸设计运距的运输费用已包含在本子目综合单价中，不另行计量	1. 石方爆破、开挖； 2. 解小、挖、装、运输、卸车； 3. 填料分理、弃石； 4. 施工场地(作业面)范围内临时道路、防护、排水处理； 5. 路床顶面凿平或填平压实、路床清理； 6. 弃石场弃方整形、碾压； 7. 边坡、路基整修
204	填方路基			
204-1	路基填筑(包括填前压实)			
-a	利用土方	m^3	1. 依据图纸所示位置及尺寸，按填筑土方压实体积，不区分土壤类别(包含松土、普土、硬土)，以立方米为单位计量； 2. 桥梁台背、涵洞、通道涵及涵背所占体积应予以扣除	1. 基底翻松、压实、挖台阶处理； 2. 临时排水、翻晒； 3. 分层摊铺； 4. 洒水、分层压实； 5. 满足施工需要的加宽填筑； 6. 边坡整形、路拱整修
-b	利用石方	m^3	1. 依据图纸所示位置及尺寸，按填筑石方压实体积，不区分岩石类别(包含软石、次坚石、坚石)，以立方米为单位计量； 2. 桥梁台背、涵洞、通道涵及涵背所占体积应予以扣除。	1. 基底翻松、压实、挖台阶处理； 2. 临时排水、翻晒； 3. 边坡码砌； 4. 分层摊铺； 5. 小石块(或石屑)填缝、找补； 6. 洒水、分层压实； 7. 边坡整形、路拱整修

续表17-3

子目编码	子目名称	单位	工程量计量规则	计价内容
-d	借土填方	m^3	1. 依据图纸所示位置，按借土方天然密实体积，不区分土壤类别(包含松土、普土、硬土)，以立方米为单位计量； 2. 借方场地表土、非适宜材料的清除由承包人考虑列入本子目综合单价中，不另行计量； 3. 借方土地资源费由承包人考虑列入本子目综合单价中，不另行计量； 4. 图纸设计运距的运输费用已包含在本子目综合单价中，不另行计量	1. 借方场地表土及非适宜材料清除、整平、修整； 2. 施工临时防护、排水处理； 3. 土方开挖、装车、运输、卸车、堆放、分理填料

(4)清单编制

根据工程量清单项目分项计量规则应按“203 挖方路基”“204 填方路基”的规定执行。

①列工程量清单(图 17-7)。

清单编号	名称	单位	清单数量
	清单 第200章 路基		
203	挖方路基		
203-1	路基挖方		
-a	挖土方	m^3	59673.000
-b	挖石方	m^3	6715.000
204	填方路基		
204-1	路基填筑(包括填前压实)		
-a	利用土方	m^3	6985.000
-b	利用石方	m^3	7169.000
-d	借土填方	m^3	169691.000

图 17-7 工程量清单

图 17-7 中，203-1-a 挖土方、203-1-b 挖石方的清单数量为天然密实方，204-1-a 利用土方、204-1-b 利用石方、204-1-d 借土填方的清单数量为压实方。

②路基挖方定额组价。

路基挖方定额可参照表 17-4 考虑。

表 17-4 土石方挖运定额常用组合

项目	运距	定额编号	定额名称
土方挖运	100 m 以内	1-1-12	推土机推土
	100 m~500 m	1-1-13	铲运机铲运土方
	500 m~15 km	1-1-9	挖掘机挖装土方
		1-1-11	自卸汽车运土方

续表17-4

项目	运距	定额编号	定额名称
石方开炸		1-1-14	开炸石方
石方装运	100 m 以内	1-1-12	推土机推石
	100 m～15 km	1-1-9	挖掘机装石方
		1-1-11	自卸汽车运石方
		1-1-10	装载机装石方
		1-1-11	自卸汽车运石方
隧道弃渣	500 m～15 km	1-1-11	20 t 自卸汽车增运

路基机械选型见表 17-5。

表 17-5　路基机械选型

定额编号	机械名称	三、四级		二级		高速、一级		
1-1-9	挖掘机斗容量/m^3	0.6 以内		1.0 以内		2.0 以内		
1-1-10	装载机斗容量/m^3	1 以内		2 以内		3 以内		
1-1-11	自卸汽车装载质量/t	6 以内	8 以内	10 以内	12 以内	15 以内	20 以内	30 以内
1-1-12	推土机功率/kW	75 以内	90 以内	105 以内	135 以内	165 以内	240 以内	

- 203-1-a 挖土方：土方量共 59673 m^3，其中本桩利用土方 8103 m^3，剩余 51570 m^3 属于弃土方。根据施工工艺、运输距离、土壤类别进行定额的选择：

本桩利用土方工程量 8103 m^3 宜选用推土机推土方，弃方 51570 m^3 宜选用挖掘机挖土方配自卸汽车弃运土方。套取定额时注意定额单位为 1000 m^3 天然密实方，本桩利用全部为普通土，弃方包括弃普通土 7918 m^3、弃硬土 43652 m^3。挖土方的定额组价如图 17-8 所示。

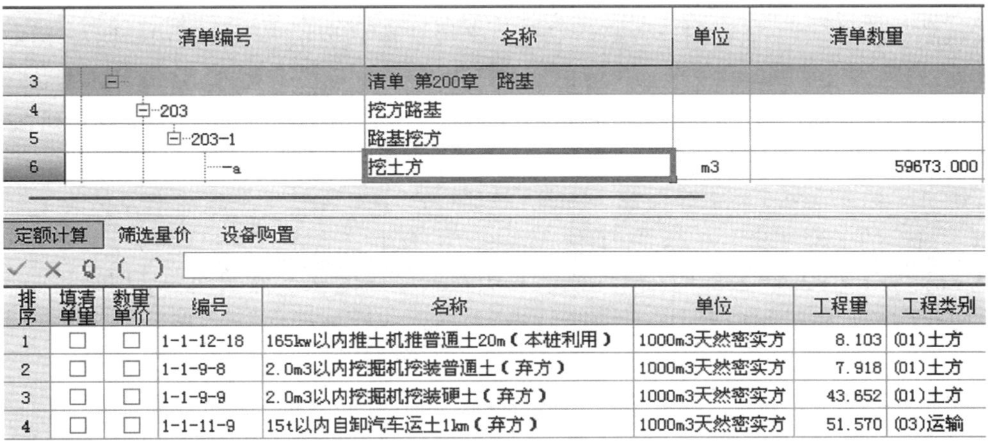

	清单编号	名称	单位	清单数量
3		清单 第200章 路基		
4	203	挖方路基		
5	203-1	路基挖方		
6	-a	挖土方	m3	59673.000

定额计算　筛选量价　设备购置

排序	填清单量	数量单价	编号	名称	单位	工程量	工程类别
1	□	□	1-1-12-18	165kw以内推土机推普通土20m（本桩利用）	1000m3天然密实方	8.103	(01)土方
2	□	□	1-1-9-8	2.0m3以内挖掘机挖装普通土（弃方）	1000m3天然密实方	7.918	(01)土方
3	□	□	1-1-9-9	2.0m3以内挖掘机挖装硬土（弃方）	1000m3天然密实方	43.652	(01)土方
4	□	□	1-1-11-9	15t以内自卸汽车运土1km（弃方）	1000m3天然密实方	51.570	(03)运输

图 17-8　挖土方的定额组价

• 203-1-b 挖石方：石方量共 6715 m^3，其中本桩利用石方 6595 m^3，弃石方 120 m^3。根据施工工艺、运输距离、石方类别进行定额的选择：

石方开炸定额可选用机械打眼开炸石方，工程量 6715 m^3，其中软石 4834 m^3，次坚石 1881 m^3。本桩利用石方工程量 6595 m^3 宜选用推土机推石方，弃方 120 m^3 宜选用挖掘机挖石方配自卸汽车弃运石方。套取定额时注意定额单位为 1000 m^3 天然密实方，本桩利用包括 4834 m^3 的软石、1761 m^3 的次坚石，弃方为 120 m^3 的次坚石。挖石方的定额组价如图 17-9 所示。

	清单编号	名称	单位	清单数量
3	⊟	清单 第200章 路基		
4	⊟ 203	挖方路基		
5	⊟ 203-1	路基挖方		
6	-a	挖土方	m3	59673.000
7	-b	挖石方	m3	6715.000

定额计算　筛选量价　设备购置

排序	填清单量	数量单价	编号	名称	单位	工程量	工程类别
1	☐	☐	1-1-14-4	机械打眼开炸软石	1000m3天然密实方	4.834	(02)石方
2	☐	☐	1-1-14-5	机械打眼开炸次坚石	1000m3天然密实方	1.881	(02)石方
3	☐	☐	1-1-12-37	165kw以内推土机推软石20m（本桩利用）	1000m3天然密实方	4.834	(02)石方
4	☐	☐	1-1-12-38	165kw以内推土机推次坚石20m（本桩利用）	1000m3天然密实方	1.761	(02)石方
5	☐	☐	1-1-9-14	2.0m3以内挖掘机装次坚石（弃方）	1000m3天然密实方	0.120	(02)石方
6	☐	☐	1-1-11-9	15t以内自卸汽车运土1km（弃方）	1000m3天然密实方	0.120	(03)运输

图 17-9　挖石方的定额组价

③路基填方定额组价。

• 204-1-a 利用土方 6985 m^3

碾压路基：可根据施工工艺采用光轮压路机或振动压路机碾压土方。

整修路拱：整修路拱工程量 = 路线长度×路线宽度×土方比例 = 13704.182×26×6985÷183856 = 13536.771 m^2。

整修边坡：整修边坡工程量 = 路线长度×土方比例 = 13.704182×6985÷183856 = 0.521 km。

洒水车洒水：洒水车洒水工程量 = 土的体积×土的干密度×最佳含水率与自然状态含水率差值。其中，土的干密度为 1.6~1.8 t/ m^3，最佳含水率与自然状态含水率差值为 2%~3%。假设本项目土的干密度为 1.6 t/m^3，最佳含水率与自然状态含水率差值为 2%，则洒水车洒水工程量 = 6985×1.6×2% = 223.52 m^2。（洒水车洒水定额中的水不计费用，若用水需要计费用时，应按相应的水价另行计算。）

路基利用土方填筑组价如图 17-10 所示。

	清单编号	名称	单位	清单数量
8	204	填方路基		
9	204-1	路基填筑（包括填前压实）		
10	-a	利用土方	m3	6985.000

定额计算　筛选量价　设备购置

排序	填清单量	数量单价	编号	名称	单位	工程量	工程类别
1	□	□	1-1-18-5	高速、一级公路填方路基20t以内振动	1000m3压实方	6.985	(01)土方
2	□	□	1-1-20-1	机械整修路拱	1000m2	13.537	(01)土方
3	□	□	1-1-20-4	机械整修二级及以上等级公路边坡	1km	0.521	(01)土方
4	□	□	1-1-22-3	6000L以内洒水车洒水1km	1000m3水	0.224	(03)运输

图 17-10　路基利用土方填筑组价

- 204-1-b 利用石方 7169 m^3

碾压路基：可根据施工工艺采用振动压路机碾压石方。

整修路拱：整修路拱工程量 = 路线长度×路线宽度×石方比例 = 13704.182×26×7169÷183856 = 13893.358 m^2。

整修边坡：整修边坡工程量 = 路线长度×石方比例 = 13.704182×7169÷183856 = 0.534 km。

路基利用石方填筑组价如图 17-11 所示。

	清单编号	名称	单位	清单数量
8	204	填方路基		
9	204-1	路基填筑（包括填前压实）		
10	-a	利用土方	m3	6985.000
11	-b	利用石方	m3	7169.000

定额计算　筛选量价　设备购置

排序	填清单量	数量单价	编号	名称	单位	工程量	工程类别
1	□	□	1-1-18-13	高速、一级公路填方路基20t以内振动	1000m3压实方	7.169	(02)石方
2	□	□	1-1-20-1	机械整修路拱	1000m2	13.893	(01)土方
3	□	□	1-1-20-4	机械整修二级及以上等级公路边坡	1km	0.534	(01)土方

图 17-11　路基利用石方填筑组价

- 204-1-d 借土填方(压实方)169691 m^3

开挖土方：土方量(压实方)169691 m^3 需换算为天然密实方，换算系数为1.16，另借土方需考虑0.03的损耗，因此借土填方的开挖土方的工程量为169691×1.19=201932.29 m^3。考虑开挖、运输两个工序，宜采用挖掘机配自卸汽车。

碾压路基：土方量为压实方169691 m^3，可根据施工工艺采用光轮压路机或振动压路机碾压土方，一般考虑定额与路基填土方定额一致。

整修路拱：整修路拱工程量=路线长度×路线宽度×土方比例=13704.182×26×169691÷183856=328857.285 m^2。

整修边坡：整修边坡工程量=路线长度×土方比例=13.704182×169691÷183856=12.648 km。

洒水车洒水：以碾压路基的土方量为基数，乘以土的干密度，再乘以最佳含水率与自然状态含水率差值。(洒水车洒水定额中的水不计费用，若用水需要计费用时，应按相应的水价另行计算。)

路基借土填方填筑组价如图17-12所示。

	清单编号	名称	单位	清单数量
8	204	填方路基		
9	204-1	路基填筑(包括填前压实)		
10	-a	利用土方	m3	6985.000
11	-b	利用石方	m3	7169.000
12	-d	借土填方	m3	169691.000

定额计算　筛选量价　设备购置

排序	填清单量	数量单价	编号	名称	单位	工程量	工程类别
1	☐	☐	1-1-9-8	2.0m3以内挖掘机挖装普通土	000m3天然密实方	201.932	(01)土方
2	☐	☐	1-1-11-9	15t以内自卸汽车运土1km	000m3天然密实方	201.932	(03)运输
3	☐	☐	1-1-18-5	高速、一级公路填方路基20t以内振动	1000m3压实方	169.691	(01)土方
4	☐	☐	1-1-20-1	机械整修路拱	1000m2	328.857	(01)土方
5	☐	☐	1-1-20-4	机械整修二级及以上等级公路边坡	1km	12.648	(01)土方
6	☐	☐	1-1-22-3	6000L以内洒水车洒水1km	1000m3水	5.430	(03)运输

图17-12　路基借土填方填筑组价

17.2　项目：钻孔灌注桩工程清单文件编制实例

在项目17.1的基础上，完成本项目的操作。

因本书篇幅有限，仅介绍此桥直径1.5 m的钻孔灌注桩基础清单预算的编制内容。相关设计图见图17-13～图17-18。

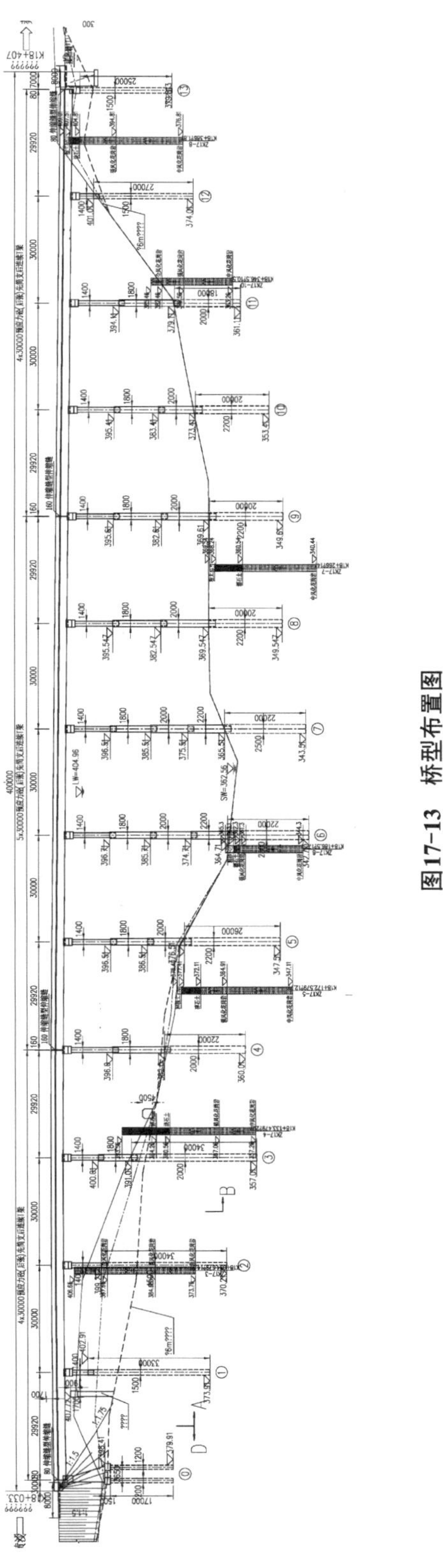

图17-13　桥型布置图

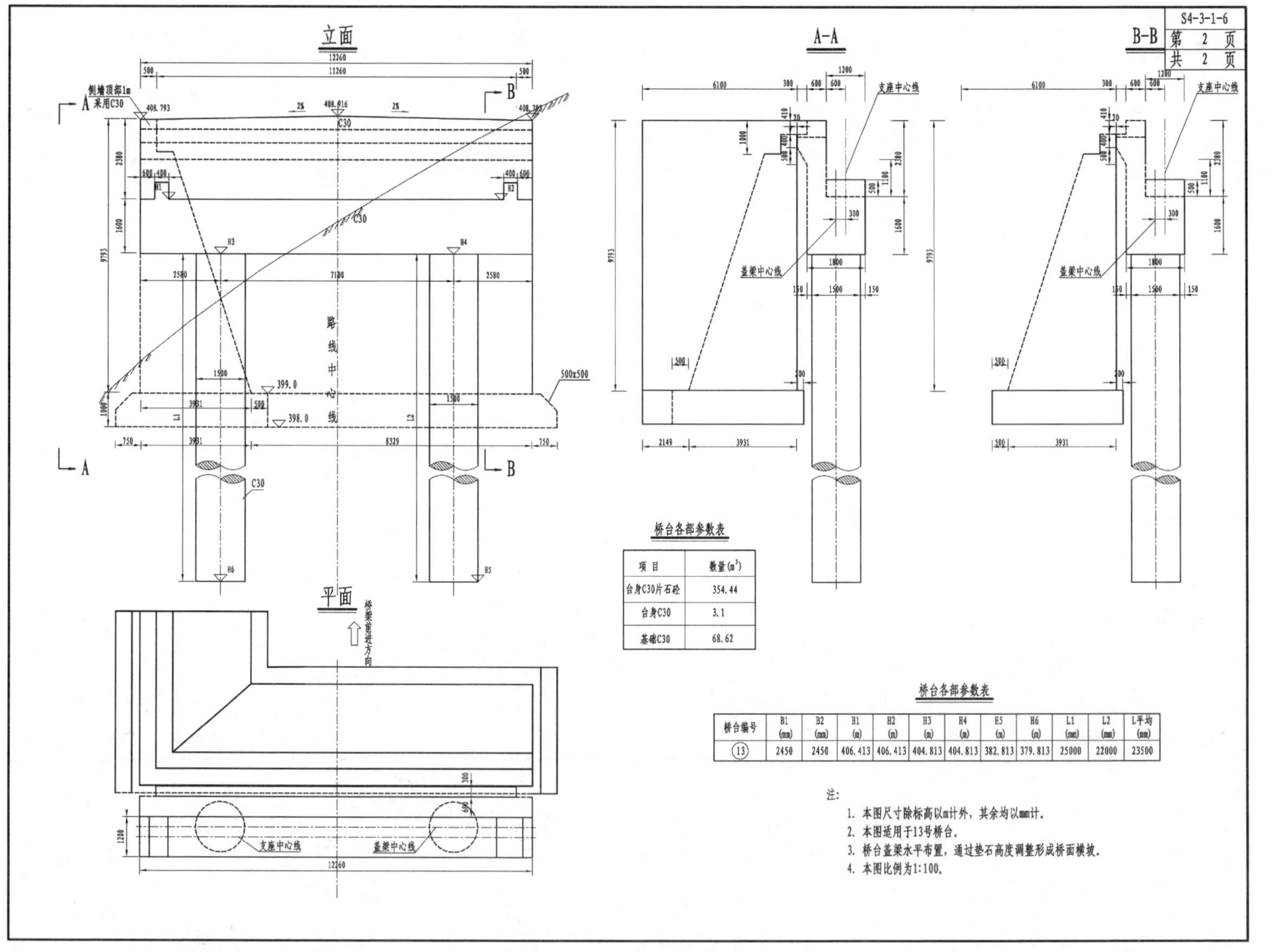

桥台各部参数表

项 目	数量(m³)
台身C30片石砼	354.44
台身C30	3.1
基础C30	68.62

桥台各部参数表

桥台编号	B1 (mm)	B2 (mm)	H1 (m)	H2 (m)	H3 (m)	H4 (m)	H5 (m)	H6 (m)	L1 (mm)	L2 (mm)	L平均 (mm)
⑬	2450	2450	406.413	406.413	404.813	404.813	382.813	379.813	25000	22000	23500

注：

1. 本图尺寸除标高以m计外，其余均以mm计。
2. 本图适用于13号桥台。
3. 桥台盖梁水平布置，通过垫石高度调整形成桥面横坡。
4. 本图比例为1:100。

图17-14　桥台一般构造图

S4-3-1-13
第 3 页
共 3 页

单根桩基材料数量明细表

桩基编号	编号	规格 (mm)	长度 (mm)	根数	共长 (m)	单位重 (kg/m)	共重 (kg)	总重 (kg)	C30 (m³)
1号桩	1	Φ25	25903	30	777.09	3.850	2991.79	Φ25 2991.8 Φ10 486.4 Φ22 301.9 钢管Φ50x2.5 219.6	44.18
	2	Φ10	751497	1	751.50	0.617	463.67		
	3	Φ10	均3954	4	15.82	0.617	9.76		
	4	Φ22	4188	12	50.26	2.980	149.77		
	5	Φ10	均5259	4	21.03	0.617	12.98		
	6	Φ22	441	24	10.58	2.980	31.52		
	7	Φ22	3373	12	40.48	2.980	120.62		
	8	钢管Φ50x2.50	25000	3	75	2.929	219.65		

桩基编号	编号	规格 (mm)	长度 (mm)	根数	共长 (m)	单位重 (kg/m)	共重 (kg)	总重 (kg)	C30 (m³)
2号桩	1	Φ25	22903	30	687.09	3.850	2645.29	Φ25 2645.3 Φ10 432.5 Φ22 279.4 钢管Φ50x2.5 193.3	38.88
	2	Φ10	664109	1	664.11	0.617	409.76		
	3	Φ10	均3954	4	15.82	0.617	9.76		
	4	Φ22	4188	11	46.07	2.980	137.29		
	5	Φ10	均5259	4	21.03	0.617	12.98		
	6	Φ22	441	24	10.58	2.980	31.52		
	7	Φ22	3373	11	37.10	2.980	110.57		
	8	钢管Φ50x2.50	22000	3	66	2.929	193.29		

注：

1. 本图适用于13号桥台桩基。

图17-15　桥台桩基工程数量

S4-3-1-14
第 1 页
共 9 页

立面

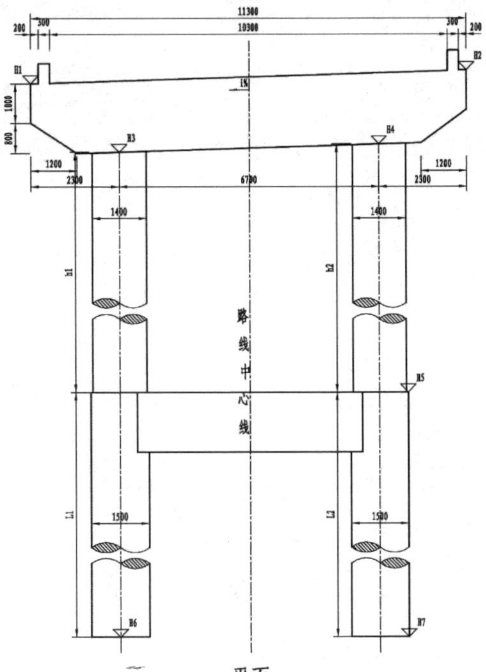

侧面

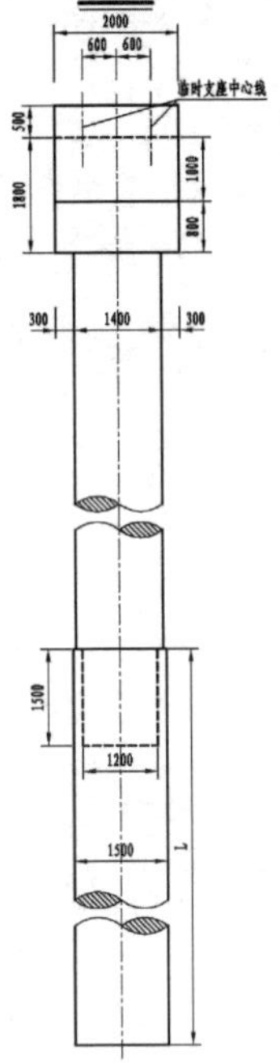

平面

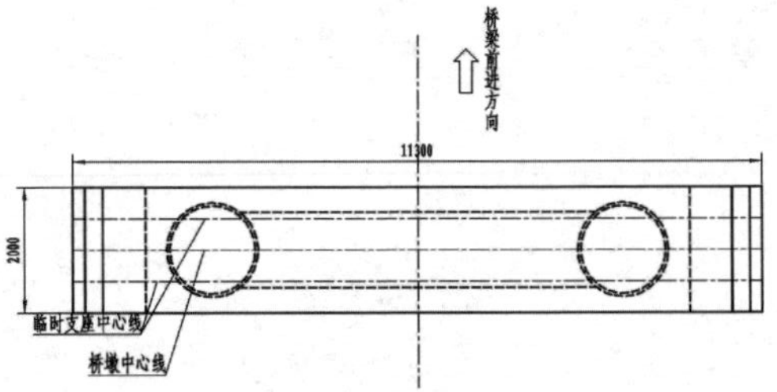

桥墩前进方向

临时支座中心线

桥墩中心线

路线中心线

桥墩各部参数表

桥墩编号	H1 (m)	H2 (m)	H3 (m)	H4 (m)	H5 (m)	H6 (m)	H7 (m)	h1 (mm)	h2 (mm)	h平均 (mm)	L1 (mm)	L2 (mm)	L平均 (mm)	i (%)
①	408.891	409.230	407.160	407.361	402.910	369.910	373.910	4250	4451	4351	33000	29000	31000	3.00
②	409.086	409.425	407.355	407.556	399.210	365.210	370.210	8145	8346	8246	34000	29000	31500	3.00

注:

1. 本图尺寸除标高以m计外，其余均以mm计。
2. 本图适用于1、2号桥墩。
3. 支座+支座垫石+支座预埋件共高30cm。
4. 本图比例为1:100。

湖南交通职业技术学院工程造价系列教材	K18+205 双树头大桥 桥墩一般构造图	图 号	S4-3-1-14

图17-16 桥墩一般构造图1

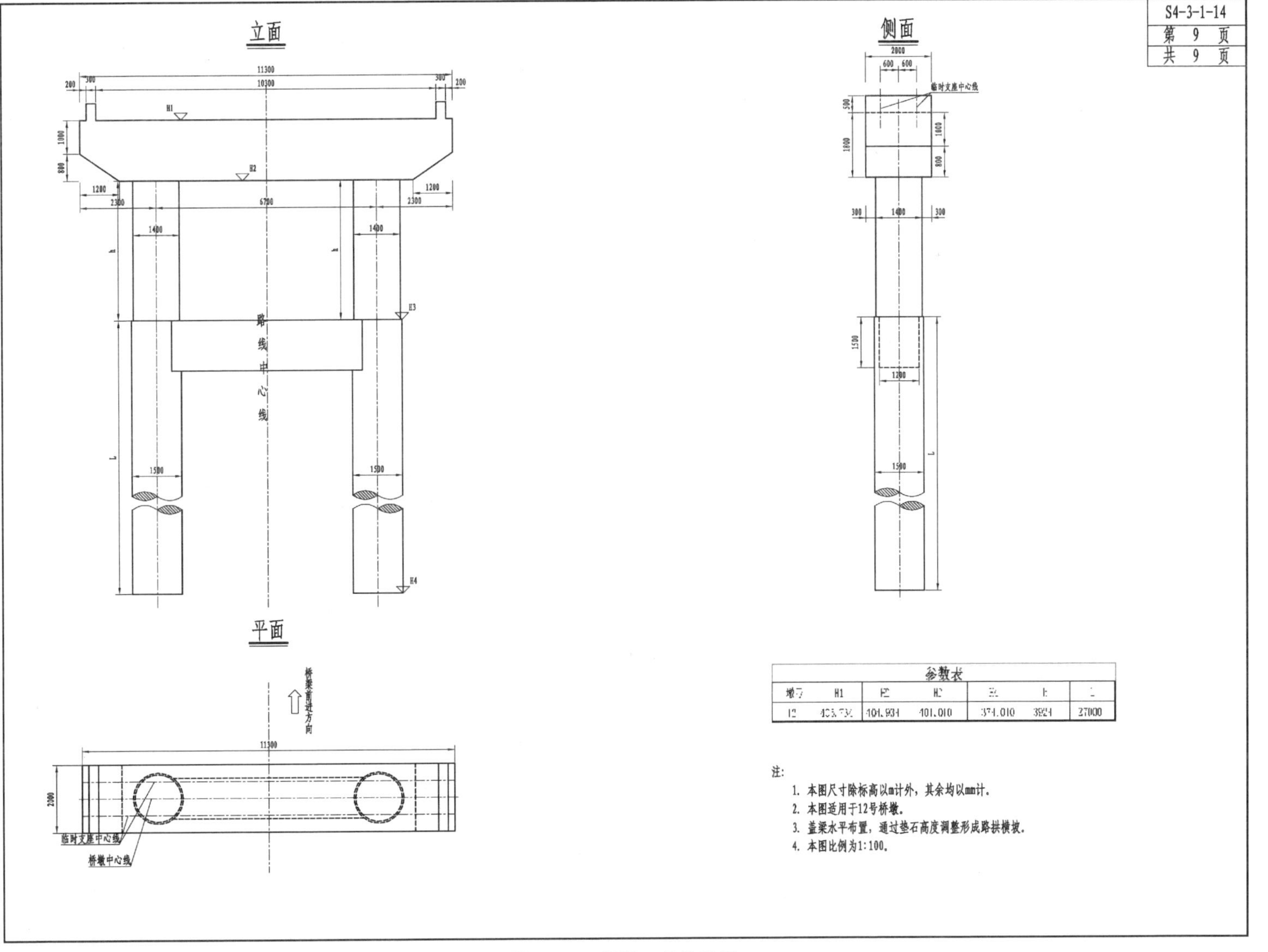

图17-17　桥墩一般构造图2

S4-3-1-20
第 2 页
共 7 页

单根桩基材料数量明细表

桩长 (mm)	编号	规格 (mm)	长度 (mm)	根数	共长 (m)	单位重 (kg/m)	共重 (kg)	总重 (kg)	C30 (m³)
27000	1	Φ25	26818	30	804.53	3.850	3097.44	Φ25 3097.4	47.71
	2	φ10	941434	1	941.43	0.617	580.87		
	3	φ10	均3954	4	15.82	0.617	9.76	φ10 590.6	
	4	Φ22	4188	12	50.26	2.980	149.77		
	5	Φ22	441	24	10.58	2.980	31.52	Φ22 301.9	
	6	Φ22	3373	12	40.48	2.980	120.62	钢管φ50x2.5 237.2	
	7	钢管φ50x2.50	27000	3	81	2.929	237.22		
34000	1	Φ25	33818	30	1014.53	3.850	3905.94	Φ25 3905.9	60.08
	2	φ10	1145339	1	1145.34	0.617	706.67		
	3	φ10	均3954	4	15.82	0.617	9.76	φ10 716.4	
	4	Φ22	4188	16	67.01	2.980	199.69		
	5	Φ22	441	32	14.10	2.980	42.02	Φ22 402.5	
	6	Φ22	3373	16	53.97	2.980	160.83	钢管φ50x2.5 298.7	
	7	钢管φ50x2.50	34000	3	102	2.929	298.72		
29000	1	Φ25	28818	30	864.53	3.850	3328.44	Φ25 3328.4	51.25
	2	φ10	999693	1	999.69	0.617	616.81		
	3	φ10	均3954	4	15.82	0.617	9.76	φ10 626.6	
	4	Φ22	4188	13	54.45	2.980	162.25		
	5	Φ22	441	28	12.34	2.980	36.77	Φ22 329.7	
	6	Φ22	3373	13	43.85	2.980	130.67	钢管φ50x2.5 254.8	
	7	钢管φ50x2.50	29000	3	87	2.929	254.79		
33000	1	Φ25	32818	30	984.53	3.850	3790.44	Φ25 3790.4	58.32
	2	φ10	1116210	1	1116.21	0.617	688.70		
	3	φ10	均3954	4	15.82	0.617	9.76	φ10 698.5	
	4	Φ22	4188	15	62.82	2.980	187.21		
	5	Φ22	441	32	14.10	2.980	42.02	Φ22 380.0	
	6	Φ22	3373	15	50.60	2.980	150.77	钢管φ50x2.5 289.9	
	7	钢管φ50x2.50	33000	3	99	2.929	289.93		

注:

1. 本图适用于1、2、12号桥墩桩基。

图17-18　1#、2#、12#桥墩桩基工程数量

1. 分析

从桥型布置图中可以看出 1 号墩位、2 号墩位、12 号墩位、13 号桥台的钻孔灌注桩基础的直径为 1.5 m，从平面图中可以看出每号墩位都布置了 2 根桩基础，13 号桥台布置了 2 根桩基础，因此该桥直径 1.5 m 的钻孔灌注桩基础总数为 8 根，从工程数量表中提取出直径 1.5 m 的钻孔灌注桩相关工程量，并根据图纸复核 ϕ1.5 m 桩基础的相关工程量，结合清单计价规则完成 ϕ1.5 m 钻孔灌注桩基础的清单预算文件的编制。

2. 钻孔灌注桩的施工顺序

钻孔灌注桩大致施工顺序为：桩基施工放样→桩基钻孔→桩基成孔→灌注桩钢筋加工及安装→浇筑混凝土→单根桩基成品检验。

3. 提取工程量

依据《湖南省公路工程标准工程量清单及计量规则》的规定，桩长为桩底高程至承台底面或系梁顶面高程。对于与桩连为一体的柱式墩台，如无承台或系梁时，则以桩位处原始地面线为分界线，地面线以下部分为灌注桩桩长。若图纸有标示的，以图纸标示为准。

灌注桩成孔工程量按设计入土深度计算，定额中的孔深指护筒顶至桩底(设计高程)的深度。造孔定额中同一孔内的不同土质，不论其所在的深度如何，均采用总孔深定额。

①13 号桥台钻孔灌注桩相关工程量：

桩长清单工程量：25+22=47 m

桩基础混凝土 C30：0.75×0.75×π×47=83.01 m^3

孔深定额工程量：(406.598−379.813)+(405.760−382.813)=49.73 m

从图纸可知，13 号桩的土层成分中，强风化花岗岩占比 36%，中风化花岗岩占比 64%，因此强风化花岗岩为 17.90 m，中风化花岗岩为 31.83 m。

钢筋：光圆钢筋 486.4+432.5=918.9 kg

带肋钢筋 2991.8+301.9+2645.3+279.4=6218.4 kg

检测管：219.6+193.3=412.9 kg

钢护筒：设钢护筒陆地按每根桩 3 m 计算，13 号桥台布置 2 根桩基础，ϕ1.5 m 钢护筒质量为 289.3 kg/m，总质量为 3×2×289.3=1735.8 kg。

②1 号墩位钻孔灌注桩相关工程量：

桩长清单工程量：29+33=62 m

桩基础混凝土 C30：0.75×0.75×π×62=109.51 m^3

孔深定额工程量：(401.07−369.91)+(401.07−373.91)=58.32 m

钻孔：全风化花岗岩 58.32×27%=15.75 m

强风化花岗岩 58.32×40%=23.33 m

中风化花岗岩 58.32×33%=19.24 m

钢筋：光圆钢筋 626.6+698.5=1325.1 kg

带肋钢筋 3328.4+329.7+3790.4+380=7828.5 kg

检测管：254.8+289.9=544.7 kg

钢护筒：3×2×289.3=1735.8 kg

③2 号墩位钻孔灌注桩相关工程量：

桩长清单工程量：29+34＝63 m

桩基础混凝土 C30：0. 75×0. 75×π×63＝111. 27 m^3

孔深定额工程量：(398. 78−365. 21)+(398. 78−370. 21)＝62. 14 m

钻孔：全风化花岗岩 62. 14×27%＝16. 78 m

强风化花岗岩 62. 14×40%＝24. 86 m

中风化花岗岩 62. 14×33%＝20. 50 m

钢筋：光圆钢筋 626. 6+716. 4＝1343 kg

带肋钢筋 3328. 4+329. 7+3905. 9+402. 5＝7966. 5 kg

检测管：254. 8+298. 7＝553. 5 kg

钢护筒：3×2×289. 3＝1735. 8 kg

④12 号墩位钻孔灌注桩相关工程量：

桩长清单工程量：27+27＝54 m

桩基础混凝土 C30：0. 75×0. 75×π×54＝95. 38 m^3

孔深定额工程量：(396. 61−374. 01)×2＝45. 2 m

钻孔：强风化花岗岩 3. 6 m

中风化花岗岩 41. 6 m

钢筋：光圆钢筋 590. 6×2＝1181. 2 kg

带肋钢筋 (3097. 4+301. 9)×2＝6798. 6 kg

检测管：237. 2×2＝474. 4 kg

钢护筒：3×2×289. 3＝1735. 8 kg

⑤ϕ1. 5 m 钻孔灌注桩基础工程量合计：

桩长清单工程量：47+62+63+54＝226 m

桩基础混凝土 C30：0. 75×0. 75×π×226＝399. 17 m^3

孔深定额工程量：49. 73+58. 32+62. 14+45. 2＝215. 39 m

钻孔：全风化花岗岩 15. 75+16. 78＝32. 53 m（黏土）

强风化花岗岩 17. 90+23. 33+24. 86+3. 6＝69. 69 m（软石）

中风化花岗岩 31. 83+19. 24+20. 50+41. 6＝113. 17 m（次坚石）

钢筋：光圆钢筋 918. 9+1325. 1+1343+1181. 2＝4768. 2 kg

带肋钢筋 6218. 4+7828. 5+7966. 5+6798. 6＝28812 kg

检测管：412. 9+544. 7+553. 5+474. 4＝1985. 5 kg

钢护筒：1735. 8×4＝6943. 2 kg

4. 查看清单规则(表 17-6)

表 17-6　清单规则

子目编码	子目名称	单位	工程量计量规则	计价内容
403	钢材			
403-1	基础钢筋	kg	1. 依据图纸所示位置及尺寸，按图示钢筋长度乘以单位理论质量，区分轧制外形，以千克为单位计量； 2. 基础包括灌注桩、桩间系梁、扩大基础、承台、支撑梁、沉桩、沉井、沉箱、地下连续墙、锚碇等	1. 钢筋的保护、储存及除锈； 2. 钢筋整直、接头； 3. 钢筋截断、弯曲及防腐处理； 4. 钢筋运输、安设、支撑及固定
405	钻孔灌注桩			
405-1	陆上钻孔灌注桩	m	1. 依据图纸所示位置及尺寸，按陆上钻孔灌注桩设计长度，区分桩径，以米为单位计量； 2. 施工图设计水深(施工水位)小于 2 m(含 2 m)的为陆上钻孔灌注桩； 3. 桩长为桩底高程至承台底面或系梁顶面高程。对于与桩连为一体的柱式墩台，如无承台或系梁时，则以桩位处原始地面线为分界线，地面线以下部分为灌注桩桩长。若图纸有标示的，按图纸标示为准； 4. 水深 2 m 及以内筑岛围堰等施工措施费已包含在钻孔桩综合单价中，不另行计量； 5. 桩基检测费已列入相应清单子目单独计量，本子目工作内容不予另行考虑	1. 安置护筒、设置钻孔平台、筑岛围堰(或设置支撑与护壁)； 2. 钻机安拆、就位； 3. 钻孔泥浆循环系统制备，泥浆、钻渣处理及清运； 4. 钻孔、成孔、成孔检查(或挖孔、清孔、通风、钎探、排水)； 5. 安装声测管； 6. 混凝土制拌、运输、浇筑； 7. 破桩头； 8. 场地清理、恢复

5. 清单编制

①钻孔灌注桩工程量清单项目分项计量规则应按“403-1 基础钢筋”“405-1 钻孔灌注桩”的规定执行，如图 17-19。

根据《湖南省公路工程标准工程量清单及计量规则》的规定，“405-1-a-1 ϕ1.5 m 陆上钻孔灌注桩”的工程量为清单工程量，因此填入桩基础桩长清单工程量为 226 m。

②定额组价。

钻孔灌注桩定额可参照：

a. 403-1-a 光圆钢筋(HPB235、HPB300)

钻孔灌注桩基础的钢筋为钢筋笼。一般采用钢筋厂集中预制钢筋笼，用平板拖车运输到工地现场进行施工，因此套用定额“4-4-8-26 集中加工主筋焊接连接”，配“4-7-33-1 平板拖车运输钢筋笼 1 km”定额，其中定额“4-4-8-26 集中加工主筋焊接连接”需要进行钢筋消耗

清单编号	名称	单位	清单数量
⊟	**第100章至700章清单**		
	清单 第100章 总则		
⊞	清单 第200章 路基		
⊟	清单 第400章 桥梁、涵洞		
⊟403	钢筋		
⊟403-1	基础钢筋(含灌注桩、承台、桩系梁、		
-a	光圆钢筋(HPB235、HPB300)	kg	4768.200
-b	带肋钢筋(HRB335、HRB400)	kg	28812.000
⊟405	钻孔灌注桩		
⊟405-1	钻孔灌注桩		
⊟-a	陆上钻孔灌注桩		
-1	φ1.5m	m	226.000

图 17-19　建立清单

量调整，全部采用光圆钢筋，勾选“附注条件”中的“用 HPB300 替换 HRB400”选项(图 17-20)。

	名称	单位						
⊟	清单 第400章 桥梁、涵洞				160,850	☑	☐	☐
⊟403	钢筋				160,850	☑	☐	☐
⊟403-1	基础钢筋(含灌注桩、承台、桩系梁、				160,850	☑	☐	☐
-a	光圆钢筋(HPB235、HPB300)	kg	4768.200	5.63	26,845	☑	☐	☐

算　筛选量价　设备购置　　图纸工程量　定额调整　|　工料机/砼　附注条件　辅助定额　稳定土

Q ( )　集中加工主筋焊接连接

填清单量	数量单价	编号	名称	单位	工程量	工程类别	调整状态
☐	☐	4-4-8-26	集中加工主筋焊接连接	1t	4.768	(12)钢材及钢结构(桥梁)	2001001量1.02
☐	☐	4-7-33-1	平板拖车运输钢筋笼1km	100t	0.476	(03)运输	

	调整	条件	内容
1	☐	用HRB400替换HPB300	2001001量0,2001002量1.02
2	☑	用HPB300替换HRB400	2001001量1.02,2001002量0
3	☐	洞内用洞外项目	人、机械、小型机具使用费×1.26
4	☐	自定义系数	人工×1;材料×1;机械×1

图 17-20　光圆钢筋定额调整

b. 403-1-b 带肋钢筋(HRB335、HRB400)

套用定额“4-4-8-26 集中加工主筋焊接连接”，配“4-7-33-1 平板拖车运输钢筋笼 1 km”定额，其中定额“4-4-8-26 集中加工主筋焊接连接”需要进行钢筋消耗量调整，全部采用带肋钢筋，勾选“附注条件”中的“用 HRB400 替换 HPB300”选项(图 17-21)。

		名称	单位						
13	⊟	清单 第400章 桥梁、涵洞				160,850	☑	☐	☐
14	⊟403	钢筋				160,850	☑	☐	☐
15	⊟403-1	基础钢筋(含灌注桩、承台、桩系梁、				160,850	☑	☐	☐
16	-a	光圆钢筋(HPB235、HPB300)	kg	4768.200	5.63	26,845	☑	☐	☐
17	-b	带肋钢筋(HRB335、HRB400)	kg	28812.000	5.07	134,005	☑	☐	☐

定额计算　筛选量价　设备购置　　图纸工程量　定额调整　|　工料机/砼　附注条件　辅助定额　稳定土

✓ × Q ( )　集中加工主筋焊接连接

排序	填清单量	数量单价	编号	名称	单位	工程量	工程类别	调整状态
1	☐	☐	4-4-8-26	集中加工主筋焊接连接	1t	28.812	(12)钢材及钢结构(桥梁)	2001001量0;2(
2	☐	☐	4-7-33-1	平板拖车运输钢筋笼1km	100t	0.288	(03)运输	

	调整	条件	内容
1	☑	用HRB400替换HPB300	2001001量0,2001002量1.02
2	☐	用HPB300替换HRB400	2001001量1.02,2001002量0
3	☐	洞内用洞外项目	人、机械、小型机具使用费×1.26
4	☐	自定义系数	人工×1;材料×1;机械×1

图 17-21　带肋钢筋定额调整

c. 405-1-a-1 ϕ1.5 m 陆上钻孔灌注桩

钻孔灌注桩的施工工艺：桩基施工放样→桩基钻孔→桩基成孔→灌注桩钢筋加工及安装→浇筑混凝土→单根桩基成品检验。

根据钻孔灌注桩的施工工艺结合工程量分别套取定额(图 17-22)。

	清单编号	名称	单位	清单数量	清单单价	金额（F）
13	⊟	清单 第400章　桥梁、涵洞				825,368
14	⊟403	钢筋				185,424
15	⊟403-1	基础钢筋(含灌注桩、承台、桩系梁、				185,424
16	-a	光圆钢筋(HPB235、HPB300)	kg	4768.200	6.46	30,803
17	-b	带肋钢筋(HRB335、HRB400)	kg	28812.000	5.85	154,621
18	⊟405	钻孔灌注桩				639,944
19	⊟405-1	钻孔灌注桩				639,944
20	⊟-a	陆上钻孔灌注桩				639,944
21	-1	φ1.5m	m	226.000	2831.61	639,944

定额计算　筛选量价　设备购置　图纸

排序	填清单量	数量单价	编号	名称	单位	工程量	工程类别
1	☐	☐	4-4-4-42	陆上桩径150cm以内 孔深40m以内 黏土	10m	3.253	(08)构造物II
2	☐	☐	4-4-4-46	陆上桩径150cm以内 孔深40m以内 软石	10m	6.969	(08)构造物II
3	☐	☐	4-4-4-47	陆上桩径150cm以内 孔深40m以内 次坚石	10m	11.317	(08)构造物II
4	☐	☐	4-4-8-11	回旋潜水钻φ150cm以内起重机配吊斗砼	10m3实体	39.917	(08)构造物II
5	☐	☐	4-4-8-28	灌注桩检测管	1t	1.986	(12)钢材及钢结构(桥梁)
6	☐	☐	4-4-9-7	干处埋设钢护筒	1t	6.943	(12)钢材及钢结构(桥梁)
7	☐	☐	4-11-11-15	60m3/h以内混凝土拌和站拌和	100m3	4.794	(06)构造物I
8	☐	☐	4-11-11-24	6m3搅拌运输车运混凝土1km	100m3	4.794	(03)运输

图 17-22　ϕ1.5 m 陆上钻孔灌注桩的定额示意图

6. 工料机

结合《湖南省交通运输厅关于发布〈公路工程建设项目投资估算编制办法〉〈公路工程建设项目概算预算编制办法〉补充规定的通知》(湘交基建〔2019〕74 号)文件”确定人工、机械工的单价为 103.86 元/工日。

点击软件左侧菜单栏“工料机”，切换至工料机界面，将人工、机械工的“预算单价”列的数据修改为 103.86(图 17-23)。

编号	名称	单位	消耗量	定额单价	预算单价
1001001	人工	工日	4346.336	106.28	103.86
1051001	机械工	工日	3933.865	106.28	103.86

图 17-23　修改人工、机械工的预算单价

参照湖南省交通建设造价管理站发布的《湖南省交通建设工程材料参考价及公路工程材料价格指数：2023 年 3 月、第一季度》，对相关材料的预算价进行调整，如图 17-24。

点击工料机界面导航栏的 机械单价 切换到机械单价界面，点击 车船税标准 […]，在弹出的窗口中选择“湖南车船税标准(2012)2018 版”，如图 17-25～图 17-26。

选择单价文件　导出单价文件　显示已用工料机　查找

编号	名称	单位	消耗量	定额单价	预算单价	规格	主材	新工料	材料子类	不调价
2001002	HRB400钢筋	t	26.960	3247.86	3958.00		☑	☐	一般材料	☐
2001019	钢丝绳	t	0.022	5970.09	6702.00	股丝6-7×19，绳径1	☑	☐	一般材料	☐
2001022	20～22号铁丝	kg	2.582	4.79	5.58	镀锌铁丝	☑	☐	一般材料	☐
2003005	钢板	t	0.002	3547.01	4408.00	Q235，δ＝5～40mm	☑	☐	一般材料	☐
2003008	钢管	t	2.121	4179.49	4609.00	无缝钢管	☑	☐	一般材料	☐
2003022	钢护筒	t	0.694	4273.50	5204.00		☑	☐	一般材料	☐
2009003	空心钢钎	kg	77.364	6.84	6.84	优质碳素工具钢	☑	☐	一般材料	☐
2009004	Φ50mm以内合金钻头	个	129.203	31.88	31.88	Φ43mm	☑	☐	一般材料	☐
2009011	电焊条	kg	259.025	5.73	5.73	结422（502、506、5	☑	☐	一般材料	☐
2009028	铁件	kg	3.657	4.53	4.96	铁件	☑	☐	一般材料	☐
3003002	汽油	kg	2398.243	8.29	9.41	92号	☑	☐	一般材料	☐
3003003	柴油	kg	186469.212	7.44	7.89	0号，-10号，-20号	☑	☐	一般材料	☐
3005002	电	kW·h	85889.421	0.85	0.85		☑	☐	一般材料	☐
3005004	水	m3	1619.683	2.72	2.72		☑	☐	一般材料	☐
4003002	锯材	m3	0.219	1504.42	1504.42	中板δ＝19～35mm，	☑	☐	一般材料	☐
4003003	枕木	m3	0.030	1442.48	1442.48	硬	☑	☐	一般材料	☐
5005002	硝铵炸药	kg	960.285	11.97	12.28	1号、2号岩石硝铵炸	☑	☐	一般材料	☐
5005008	非电毫秒雷管	个	1082.227	3.16	3.16	导爆管长3~7m	☑	☐	一般材料	☐
5005009	导爆索	m	575.629	2.05	2.05	爆速6000~7000m/s	☑	☐	一般材料	☐
5501003	黏土	m3	260.767	11.65	11.65	堆方	☑	☐	一般材料	☐
5503005	中(粗)砂	m3	250.808	87.38	87.38	混凝土、砂浆用堆方	☑	☐	一般材料	☐
5505013	碎石(4cm)	m3	334.221	86.41	86.41	最大粒径4cm堆方	☑	☐	一般材料	☐
5509001	32.5级水泥	t	206.741	307.69	307.69		☑	☐	一般材料	☐
7801001	其他材料费	元	453.475	1.00	1.00		☑	☐	一般材料	☐
7901001	设备摊销费	元	3526.326	1.00	1.00		☑	☐	一般材料	☐

图 17-24　调整材料的预算单价

图 17-25　选择车船税标准

图 17-26　更新后的机械预算单价

7. 报表

①投标报价汇总表(表 17-7)。

表 17-7　投标报价汇总表

标段：AK0+000～K13+704.182

序号	章次	科目名称	金额/元
1	100	清单　第 100 章　总则	
2	200	清单　第 200 章　路基	4315083
3	400	清单　第 400 章　桥梁、涵洞	839277
4	第 100 章至 700 章清单合计		5154360
5	已包含在清单合计中的材料、工程设备、专业工程暂估价合计		
6	清单合计减去材料、工程设备、专业工程暂估价合计(4-5=6)		5154360
7	计日工合计		
8	暂列金额(不含计日工总额)		
9	投标报价(4+7+8=9)		5154360

②工程量清单表(表 17-8、表 17-9)。

表 17-8　工程量清单表(1)

标段：AK0+000~K13+704.182　　　　货币单位：人民币元

清单　第 200 章　路基					
子目号	子目名称	单位	数量	单价	合价
203	挖方路基				
203-1	路基挖方				
-a	挖土方	m^3	59673.000	8.78	523929
-b	挖石方	m^3	6715.000	20.23	135844
204	填方路基				
204-1	路基填筑(包括填前压实)				
-a	利用土方	m^3	6985.000	9.50	66358
-b	利用石方	m^3	7169.000	12.07	86530
-d	借土填方	m^3	169691.000	20.64	3502422
清单　第 200 章合计　人民币 4315083					

表 17-9　工程量清单表(2)

标段：AK0+000~K13+704.182　　　　货币单位：人民币元

清单　第 400 章　桥梁、涵洞					
子目号	子目名称	单位	数量	单价	合价
403	钢筋				
403-1	基础钢筋(含灌注桩、承台、桩系梁、沉桩、沉井等)				
-a	光圆钢筋(HPB235、HPB300)	kg	4768.200	6.46	30803
-b	带肋钢筋(HRB335、HRB400)	kg	28812.000	5.85	168550
405	钻孔灌注桩				
405-1	钻孔灌注桩				
-a	陆上钻孔灌注桩				
-1	ϕ1.5 m	m	226.000	2831.52	639924
清单　第 400 章合计　人民币 839277					

③原始数据表(表 17-10)。

表 17-10　原始数据表

建设项目名称：汀兰湖高速连接线改扩建工程

编制范围：AK0+000~K13+704.182

编号	名称	单位	工程量	费率编号	备注
	第 100 章至 700 章清单				
	清单　第 100 章　总则				
	清单　第 200 章　路基				
203	挖方路基				
203-1	路基挖方				
-a	挖土方	m^3	59673.000		
1-1-12-18	165 kW 以内推土机推普通土 20 m(本桩利用)	1000 m^3 天然密实方	8.103	1	
1-1-9-8	2.0 m^3 以内挖掘机挖装普通土(弃方)	1000 m^3 天然密实方	7.918	1	
1-1-9-9	2.0 m^3 以内挖掘机挖装硬土(弃方)	1000 m^3 天然密实方	43.652	1	
1-1-11-9	15 t 以内自卸汽车运土 1 km(弃方)	1000 m^3 天然密实方	51.570	3	
-b	挖石方	m^3	6715.000		
1-1-14-4	机械打眼开炸软石	1000 m^3 天然密实方	4.834	2	
1-1-14-5	机械打眼开炸次坚石	1000 m^3 天然密实方	1.881	2	
1-1-12-37	165 kW 以内推土机推软石 20 m(本桩利用)	1000 m^3 天然密实方	4.834	2	
1-1-12-38	165 kW 以内推土机推次坚石 20 m(本桩利用)	1000 m^3 天然密实方	1.761	2	
1-1-9-14	2.0 m^3 以内挖掘机装次坚石(弃方)	1000 m^3 天然密实方	0.120	2	
1-1-11-9	15 t 以内自卸汽车运土 1 km(弃方)	1000 m^3 天然密实方	0.120	3	
204	填方路基				
204-1	路基填筑(包括填前压实)				
-a	利用土方	m^3	6985.000		
1-1-18-5	高速、一级公路填方路基 20 t 以内振动压路机碾压土方	1000 m^3 压实方	6.985	1	
1-1-20-1	机械整修路拱	1000 m^2	13.537	1	
1-1-20-4	机械整修二级及以上等级公路边坡	1 km	0.521		
1-1-22-3	6000 L 以内洒水车洒水 1 km	1000 m^3 水	0.224	3	

续表17-10

编号	名称	单位	工程量	费率编号	备注
-b	利用石方	m^3	7169.000		
1-1-18-13	高速、一级公路填方路基20 t以内振动压路机碾压石方	1000 m^3 压实方	7.169	2	
1-1-20-1	机械整修路拱	1000 m^2	13.893	1	
1-1-20-4	机械整修二级及以上等级公路边坡	1 km	0.534	1	
-d	借土填方	m^3	169691.000		
1-1-9-8	2.0 m^3 以内挖掘机挖装普通土	1000 m^3 天然密实方	201.932	1	
1-1-11-9	15 t以内自卸汽车运土1 km	1000 m^3 天然密实方	201.932	3	
1-1-18-5	高速、一级公路填方路基20 t以内振动压路机碾压土方	1000 m^3 压实方	169.691	1	
1-1-20-1	机械整修路拱	1000 m^2	328.857	1	
1-1-20-4	机械整修二级及以上等级公路边坡	1 km	12.648	1	
1-1-22-3	6000 L以内洒水车洒水1 km	1000 m^3 水	5.430	3	
	清单　第400章　桥梁、涵洞				
403	钢筋				
403-1	基础钢筋(含灌注桩、承台、桩系梁、沉桩、沉井等)				
-a	光圆钢筋(HPB235、HPB300)	kg	4768.200		
4-4-8-26改	集中加工主筋焊接连接	1 t	4.768	12	2001001量1.02;2001002量0
4-7-33-1	平板拖车运输钢筋笼1 km	100 t	0.476	3	
-b	带肋钢筋(HRB335、HRB400)	kg	28812.000		
4-4-8-26改	集中加工主筋焊接连接	1 t	28.812	12	2001001量0;2001002量1.02
4-7-33-1	平板拖车运输钢筋笼1 km	100 t	0.288	3	
405	钻孔灌注桩				
405-1	钻孔灌注桩				
-a	陆上钻孔灌注桩				
-1	$\phi 1.5$ m	m	226.000		

续表17-10

编号	名称	单位	工程量	费率编号	备注
4-4-4-42	陆上桩径 150 cm 以内，孔深 40 m 以内黏土	10 m	3.253	8	
4-4-4-46	陆上桩径 150 cm 以内，孔深 40 m 以内软石	10 m	6.969	8	
4-4-4-47	陆上桩径 150 cm 以内，孔深 40 m 以内次坚石	10 m	11.317	8	
4-4-8-11	回旋潜水钻 ϕ150 cm 以内起重机配吊斗砼	10 m^3 实体	39.917	8	
4-4-8-28	灌注桩检测管	1 t	1.986	12	
4-4-9-7	干处埋设钢护筒	1 t	6.943	12	
4-11-11-15	60 m^3/h 以内混凝土拌和站拌和	100 m^3	4.794	6	
4-11-11-24	6 m^3 搅拌运输车运混凝土 1 km	100 m^3	4.794	3	
	已包含在清单合计中的材料、工程设备、专业工程暂估价合计				
	清单合计减去材料、工程设备、专业工程暂估价合计				
	计日工合计				
	材料				
	机械				
	暂列金额(不含计日工总额)				
	投标报价				

编制：　　　　　　　　　　　　　　复核：

任务 18　公路工程造价软件预算编制实例

18.1　项目：湖南交通职业技术学院香樟至干杉二级公路的第三合同段预算文件编制

1. 工程属性

①项目名称：湖南交通职业技术学院香樟至干杉二级公路的第三合同段。

②编制段为 K15+050～K18+420，线路长 3.396 km，其中桥长 400 m，隧道长 1.4 km，路基宽 15 m，养护月数 6 个月。

③公路等级：二级，设计速度 80 km/h，沥青混凝土路面，新建，平原微丘区。

④其他信息：建设单位、编制单位自定，属性栏目本实例未涉及项不填写。

2. 费率属性

①工程所在地：湖南。

②费率标准：《湖南省交通运输厅关于发布〈公路工程建设项目投资估算编制办法〉〈公路工程建设项目概算预算编制办法〉补充规定的通知》（湘交基建〔2019〕74 号）。

③冬、雨季施工：准一区、二区 6 个月

④需考虑的费率：夜间施工费、施工辅助费、基本费用、职工探亲费、财务费用。

⑤工地转移距离：60 km；主副食供应运距：粮食 3 km，蔬菜 3 km，煤 3 km，水 3 km。

⑥规费：养老保险 16%、失业保险 0.7%、医疗保险 8.7%、住房公积金 10%、工伤保险 2.2%。

⑦利润 7.42%，税率 9%。

3. 工、料、机单价

①工料单价：人工、机械工 103.86 元/工日；汽油 7.67 元/kg，柴油 6.86 元/kg。

②需计算材料：

a. 石油沥青

供应地点：工厂—工地；供应价格：3800 元/t；运输方式采用汽车，运距 10 km，运价 0.62 元/(t·km)，装卸费 4 元/t，装卸 1 次。

b. 片石

供应地点：料场—工地；自采方式：人工开采；自办运输：3 t 自卸汽车运输配 2 m^3 以内轮胎式装载机装车，运距 3 km。

③机械台班单价采用“湖南车船税标准(2012)2018 版”计算。

④其他材料、机械采用部颁定额单价。

⑤材料均达到周转次数不计回收。

4. 工程项目及数量表(表 18-1)

表 18-1　工程项目及数量表

项目节/定额	项目名称/定额	单位	工程量	备注
1	第一部分　建筑安装工程费	公路公里	3. 396	
101	临时工程	公路公里	3. 396	
10101	临时道路	km	1. 800	
7-1-1-3	汽车便道路基宽 4. 5 m(平原微丘区)	1 km	1. 800	
7-1-1-6	汽车便道天然砂砾路面(压实厚度 15 cm)路面宽 3. 5 m	1 km	1. 800	
7-1-1-8	汽车便道养护路基宽 4. 5 m	1 km·月	10. 800	便道养护 6 个月
1010101	临时便道(修建、拆除与维护)	km	1. 800	
10104	临时供电设施	总额	1. 000	
7-1-5-1	架设输电线路	100 m	4. 000	
10106	拌和、预制场地处理	处	2. 000	
4-11-11-8	生产能力 25 m^3/h 以内混凝土搅拌站(楼)安拆	1 座	2. 000	
2-2-3-7	机械摊铺级配砾石面层(拖拉机带铧犁拌和, 压实厚度 10 cm)	1000 m^2	4. 000	
102	路基工程	km	1. 570	
LJ02	路基挖方	m^3	50124. 760	
LJ0201	挖土方	m^3	50124. 760	
1-1-12-14	135 kW 以内推土机推普通土 20 m	1000 m^3 天然密实方	43. 211	43211 m^3 为压实方, 定额×系数 1. 16 转换为天然密实方
1-1-10-2	2 m^3 以内装载机装土	1000 m^3 天然密实方	50. 125	
1-1-11-7	12 t 以内自卸汽车运土 2 km	1000 m^3 天然密实方	50. 125	运距 2 km
LJ06	排水工程	km	1. 000	
LJ0606	渗(盲)沟	m^3/m	3730/1000	
1-3-2-2	PVC 管安装(路基、中央分隔带盲沟)	100 m	10. 000	使用 PVC 塑料管(ϕ160 mm)
1-3-2-3	回填碎石(路基、中央分隔带盲沟)	100 m^3	37. 300	
LJ0607	其他排水工程	km	5. 000	

续表18-1

项目节/定额	项目名称/定额	单位	工程量	备注
LJ060701	纵向排水	m	5000.000	
4-1-1-1	人工挖基坑深 3 m 以内干处土方	1000 m^3	20.000	
1-3-9-1	ϕ1200 mm 管基础	100 m	50.000	为补充定额，需自行编制、添加
1-3-9-2	ϕ1200 mm 管铺设	100 m	50.000	为补充定额，需自行编制、添加
103	路面工程	km	1.570	
LM01	沥青混凝土路面	m^2	35311.000	
LM0103	路面基层	m^2	35311.000	
LM010302	水泥稳定类基层	m^2	35311.000	
LM01030201	厚 25 cm 碎石水泥 96：4	m^2	35311.000	
2-1-7-5	厂拌厚 20 cm 碎石水泥(95：5)	1000 m^2	35.311	实际厚度 25 cm，碎石：水泥=96：4
2-1-9-1	90 kW 以内平地机铺筑基层	1000 m^2	35.311	
2-1-10-4	300 t/h 以内的稳定土厂拌设备生产能力	1 座	1.000	
LM0105	沥青混凝土面层	m^2	20410.000	
LM010501	粗粒式沥青混凝土面层	m^2	20410.000	
LM01050101	厚 70 mm	m^2	20410.000	
2-2-11-5	生产能力 240 t/h 以内设备拌和沥青混凝土混合料(粗粒式)	1000 m^3 路面实体	1.4287	
2-2-13-9	装载质量 20 t 以内自卸汽车运输沥青混合料 8 km	1000 m^3 路面实体	1.4287	
2-2-14-46	生产能力 240 t/h 以内设备拌和，机械摊铺沥青混凝土混合料(粗粒式)	1000 m^3 路面实体	1.4287	
LM010502	中粒式沥青混凝土面层	m^2	20410.000	
LM01050201	厚 50 mm	m^2	20410.000	
2-2-11-31	生产能力 240 t/h 以内设备拌和改性沥青混凝土(中粒式)	1000 m^3 路面实体	1.0205	
2-2-13-9	装载质量 20 t 以内自卸汽车运输沥青混合料 8 km	1000 m^3 路面实体	1.0205	
2-2-14-47	生产能力 240 t/h 以内设备拌和，机械摊铺沥青混凝土混合料(中粒式)	1000 m^3 路面实体	1.0205	

续表18-1

项目节/定额	项目名称/定额	单位	工程量	备注
LM010503	细粒式沥青混凝土面层	m^2	20410.000	
LM01050301	厚 40 mm	m^2	20410.000	
2-2-11-36	生产能力 240 t/h 以内设备拌和改性沥青混凝土(细粒式)	1000 m^3 路面实体	0.8164	
2-2-13-9	装载质量 20 t 以内自卸汽车运输沥青混合料 8 km	1000 m^3 路面实体	0.8164	
2-2-14-48	生产能力 240 t/h 以内设备拌和，机械摊铺沥青混凝土混合料(细粒式)	1000 m^3 路面实体	0.8164	
104	桥梁涵洞工程	km	0.400	
10404	大桥工程	m/座	400.000/1.000	
1040401	预制 T 梁大桥	m^2/m	10400.000/400.000	
QL01	基础工程	m^3	285.010	
QL0102	桩基础	m^3/m	285.010/252.000	
QL010201	灌注桩基础	m^3	285.010	
4-4-9-7	钢护筒埋设干处	1 t	4.220	
4-4-8-28	检测管	1 t	2.270	
4-4-8-26	集中加工主筋焊接连接	1 t	22.631	全部采用光圆钢筋
4-4-8-26	集中加工主筋焊接连接	1 t	19.840	全部采用带肋钢筋
4-3-7-1	陆地上卷扬机打桩工作平台	100 m^2	2.558	
4-4-4-18	桩径 120 cm 以内、孔深 40 m 以内黏土	10 m	4.124	
4-4-4-22	桩径 120 cm 以内、孔深 40 m 以内软石	10 m	15.824	
4-4-4-23	桩径 120 cm 以内、孔深 40 m 以内次坚石	10 m	5.252	
4-4-8-11	回旋潜水钻成孔桩径 150 cm 以内混凝土起重机配吊斗砼	10 m^3 实体	28.501	
4-11-11-15	混凝土搅拌站拌和(60 m^3/h 以内)	100 m^3	3.423	
4-11-11-24	6 m^3 搅拌运输车运混凝土第一个 1 km	100 m^3	3.423	
107	交通工程及沿线设施	公路公里	3.370	
10701	交通安全设施	公路公里	3.370	
JA04	标线	m^2	1800.000	

续表18-1

项目节/定额	项目名称/定额	单位	工程量	备注
JA0401	路面标线	m^2	1800. 000	
JA040105	彩色振动标线	m^2	1800. 000	
2	第二部分　土地使用及拆迁补偿费	公路公里	3. 396	
201	土地使用费	亩	2. 000	
20101	永久征用土地	亩	2. 000	
	耕地(耕地开垦费)	亩	2. 000	单价: 25000. 00
	耕地(土地补偿费)	亩	2. 000	单价: 25000. 00
3	第三部分　工程建设其他费用	公路公里	3. 396	
计建设项目管理费				
4	第四部分　预备费	公路公里	3. 396	
计基本预备费				
建设期贷款利息: 按总造价的60%进行贷款, 贷款3年, 每年贷款比例分别为40%、30%、30%, 每年年利率为6. 55%。				

附: 补充预算定额数据表

①建立 ϕ1200 mm 混凝土管基础及铺设的补充预算定额, 定额单位为 100 m。材料“ϕ1200 混凝土管”的定额单价假定为 300 元/m, 预算单价为 350 元/m。

补充预算定额所采用工料机消耗见表 18-2。

表 18-2　补充预算定额所采用工料机消耗

名称	单位	代号	基础定额消耗	铺设定额消耗
人工	工日	1001001	124. 16	62. 62
原木	m^3	4003001	0. 218	0. 00
锯材	m^3	4003002	0. 326	0. 00
32. 5 级水泥	t	5509001	6. 39	0. 28
水	m^3	3005004	24. 6	0. 18
中(粗)砂	m^3	5503005	16. 28	0. 69
碎石(4 cm)	m^3	5505013	40. 48	0. 00
ϕ1200 mm 混凝土管	m	自定义	0. 00	101. 00
其他材料费	元	7801001	15. 00	4. 00

②建立彩色振动标线的补充预算定额，补充预算定额相关数据见表 18-3。

表 18-3　补充预算定额相关数据

定额名称：5-1-5-12 彩色振动标线		
工程内容：清扫路面，放样，加热热熔涂料，画线		
100 m^2		
工料机	单位	消耗量
人工	工日	4.9
彩色振动标线涂料	kg	816.5
底油	kg	27.2
反光玻璃珠	kg	38.1
其他材料费	元	21.8
热熔标线设备	台班	0.43
4 t 以内载货汽车	台班	0.39
8 t 以内载货汽车	台班	0.39
其中，彩色振动标线涂料的定额价为 8.6 元/kg		

18.2　项目：汀兰湖高速第九合同段预算文件编制

1. 基础资料

汀兰湖高速线全长 92.862 km，起点桩号 K0+000-K92+862。其中第九合同段全长 12 km，桩号为 K22+000~K34+000。该项目采用平原微丘区高速公路技术标准，设计行车速度为 100 km/h，为双向六车道高速公路，路基宽度 26 m，路面结构为沥青混凝土路面。

2. 编制依据

工程所在地：湖南。

属性：根据基础资料所提供信息进行完善。

费率：根据编制办法进行计取，其中工地转移以湖南省政府为起点、湖南交通职业技术学院为终点进行计算，粮食、蔬菜、水的运距以长沙海吉星农产品批发市场为起点、湖南交通职业技术学院为终点进行计取，燃料运距为 8 km。

3. 第一部分费用

①临时工程。

施工便道宽 7m，长 10 km，养护月数 6 个月，需要铺设砂砾路面。

②路基工程。

a. 清除表土 4 km：30000 m^3，厚度 30 cm，弃方运距 2 km。（定额搭配：推土机配自卸汽车。）

b. 填前压实：范围 100000 m^2，压实土方量 150000 m^3。（选用 12~15 t 机械碾压。）

c. 路基土石方(表 18-4)：除填方为压实方外其余为天然方。填方选用 20 t 机械，土的干密度以 1.6 t/m³ 计，最佳含水率与自然状态含水率差值为 2%，借方运距 3.7 km。

表 18-4　路基土石方工程量

<table>
<tr><td colspan="8">挖方/m³</td><td>填方/m³</td></tr>
<tr><td colspan="2">松土</td><td colspan="2">普通土</td><td colspan="2">硬土</td><td colspan="2">次坚石</td><td rowspan="2">420000</td></tr>
<tr><td colspan="2">50000</td><td colspan="2">150000</td><td colspan="2">65000</td><td colspan="2">45000</td></tr>
<tr><td colspan="4">本桩利用/m³，平均运距 30 m</td><td colspan="5">远运利用/m³，平均运距 1.35 km</td></tr>
<tr><td>松土</td><td>普通土</td><td>硬土</td><td>次坚石</td><td>松土</td><td>普通土</td><td>硬土</td><td colspan="2">次坚石</td></tr>
<tr><td>10000</td><td>30000</td><td>5000</td><td>5000</td><td>40000</td><td>120000</td><td>60000</td><td colspan="2">40000</td></tr>
</table>

土石方挖运定额常用组合见表 18-5。

表 18-5　土石方挖运定额常用组合

<table>
<tr><td>项目</td><td>运距</td><td>定额编号</td><td>定额名称</td></tr>
<tr><td rowspan="4">土方挖运</td><td>100 m 以内</td><td>1-1-12</td><td>推土机推土</td></tr>
<tr><td>100 m～500 m</td><td>1-1-13</td><td>铲运机铲运土方</td></tr>
<tr><td rowspan="2">500 m～15 km</td><td>1-1-9</td><td>挖掘机挖装土方</td></tr>
<tr><td>1-1-11</td><td>自卸汽车运土方</td></tr>
<tr><td colspan="2">石方开炸</td><td>1-1-14</td><td>开炸石方</td></tr>
<tr><td rowspan="5">石方装运</td><td>100 m 以内</td><td>1-1-12</td><td>推土机推石</td></tr>
<tr><td rowspan="4">100 m～15 km</td><td>1-1-9</td><td>挖掘机装石方</td></tr>
<tr><td>1-1-11</td><td>自卸汽车运石方</td></tr>
<tr><td>1-1-10</td><td>装载机装石方</td></tr>
<tr><td>1-1-11</td><td>自卸汽车运石方</td></tr>
<tr><td>隧道弃渣</td><td>500 m～15 km</td><td>1-1-11</td><td>20 t 自卸汽车增运</td></tr>
</table>

路基机械选型见表 18-6。

表 18-6　路基机械选型

<table>
<tr><td>定额编号</td><td>机械名称</td><td colspan="2">三、四级</td><td colspan="2">二级</td><td colspan="3">高速、一级</td></tr>
<tr><td>1-1-9</td><td>挖掘机斗容量/m³</td><td colspan="2">0.6 以内</td><td colspan="2">1.0 以内</td><td colspan="3">2.0 以内</td></tr>
<tr><td>1-1-10</td><td>装载机斗容量/m³</td><td colspan="2">1 以内</td><td colspan="2">2 以内</td><td colspan="3">3 以内</td></tr>
<tr><td>1-1-11</td><td>自卸汽车装载质量/t</td><td>6 以内</td><td>8 以内</td><td>10 以内</td><td>12 以内</td><td>15 以内</td><td>20 以内</td><td>30 以内</td></tr>
<tr><td>1-1-12</td><td>推土机功率/kW</td><td>75 以内</td><td>90 以内</td><td>105 以内</td><td>135 以内</td><td>165 以内</td><td>240 以内</td><td></td></tr>
</table>

d. 防护工程：M7.5 浆砌片石挡土墙，坡高 12 m，长 3.5 km，其中 M7.5 浆砌片石基础 25328.6 m^3，M7.5 浆砌片石墙身 53702.2 m^3。

③路面工程(根据所提供的工程信息、工作内容，列项目表并套取相应定额，计算路面工程的造价)。

透层：乳化沥青半刚性基层透层 739840 m^2。

黏层：乳化沥青层黏层 1479680 m^2。

上面层：细粒式改性沥青混凝土(厚度 5 cm) 51789 m^3。

中面层：中粒式改性沥青混凝土(厚度 6 cm) 44390 m^3。

下面层：粗粒式沥青混凝土(厚度 7 cm) 36992 m^3。

路面施工工艺考虑拌和、运输、摊铺，具体设备参数如下：拌和沥青混合料采用生产能力 240 t/h 以内的设备；运输沥青混合料采用 20 t 自卸汽车运输，运距 8 km；机铺沥青混凝土路面。另设 2 座沥青混凝土拌和站(生产能力 240 t/h 以内)。

4. 第二部分费用

临时占用耕地 70 亩×10000 元。

5. 第三部分费用

工程建设其他费用：计建设项目管理费、办公及生活用家具购置费。

6. 预备费

计基本预备费。

7. 建设期贷款利息

静态投资，贷款额为建安费的 60%，贷款三年，每年贷款比例分别为 40%、30%、30%，年利率为 6.55%。

8. 工料机的预算单价

①人工价格按现行人工价进行输入。

②汽油、柴油分别按 7.86 元、6.56 元进行输入。

③机械台班单价采用车船税标准计算。

④其他材料、机械默认定额价。

18.3　项目：汀兰湖高速第一合同段清单预算文件编制

1. 属性

第一合同段 4.255 km，平原微丘区，路基宽 26 m，设计速度 100 km/h，双向四车道，沥青混凝土路面，施工时场内需铺设 6 公里汽车便道(砂砾路面宽度 6 米，路基宽 7 米)，养护 12 个月，工期 1 年，不计取年造价上涨费。

2. 费率

根据工程所在地结合《公路工程建设项目概算预算编制办法》及相关补充规定进行完善，工地转移 80 km，主副食运距 2.5 km。

3. 编制内容

建筑工程一切险：以工程量清单 100 章(扣除建筑工程一切险和第三者责任险)至第 900 章的合计金额为基数，乘以招标文件规定的保险费率计算总额，按 4%计。

第三者责任险：以工程量清单第 100 章(扣除建筑工程一切险和第三者责任险)至第 900 章的合计金额为基数，乘以招标文件规定的保险费率计算总额，按 1%计。

4. 其他工程(表 18-7)

表 18-7 工程项目及数量表

项目节/定额	项目名称/定额	单位	工程量	备注
	清单 第 300 章 路面			
309	热拌沥青混合料面层			
309-1	细粒式沥青混凝土			
-a	厚 40 mm	m^2	122561. 500	
2-2-11-19	细粒沥青混凝土拌和(240 t/h 内)	1000 m^3	—	自行计算
2-2-13-5	沥青混合料运输 12 t 内 1 km	1000 m^3	—	自行计算
2-2-14-48	机铺沥青混凝土细粒式(240 t/h 内)	1000 m^3	—	自行计算
309-2	中粒式沥青混凝土			
-a	厚 50 mm	m^2	—	自行计算
2-2-11-12	中粒沥青混凝土拌和(240 t/h 内)	1000 m^3	5. 806	
2-2-13-5	沥青混合料运输 12 t 内 1 km	1000 m^3	5. 806	
2-2-14-47	机铺沥青混凝土中粒式(240 t/h 内)	1000 m^3	5. 806	
309-3	粗粒式沥青混凝土			
-a	厚 70 mm	m^2	84896. 000	
2-2-11-5	粗粒沥青混凝土拌和(240 t/h 内)	1000 m^3	5. 943	
2-2-13-5	沥青混合料运输 12 t 内 1 km	1000 m^3	5. 943	
2-2-14-46	机铺沥青混凝土粗粒式(240 t/h 内)	1000 m^3	5. 943	
314	路面及中央分隔带排水			
314-1	排水管	m	1000. 000	
-a	ϕ180 mm PVC			
1-3-5-1	现浇排水管基础混凝土	m	1000. 000	采用同型号规格的商品混凝土，469. 93 元/m^3
1-3-2-2	PVC 管安装	m	1000. 000	采用 ϕ180 mm PVC，100 元/m
	清单 第 400 章 桥梁、涵洞			
405-1	钻孔灌注桩			
-a	陆上钻孔灌注桩			
-1	直径 ϕ1. 5 m	m	376. 000	

续表18-7

项目节/定额	项目名称/定额	单位	工程量	备注
4-4-4-45	回旋钻机陆上钻孔 150 cm 以内、孔深 40 m 以内卵石	10 m	4.800	
4-4-4-46	回旋钻机陆上钻孔 150 cm 以内、孔深 40 m 以内软石	10 m	26.800	
4-4-4-47	回旋钻机陆上钻孔 150 cm 以内、孔深 40 m 以内次坚石	10 m	6.000	
4-4-8-11	回旋潜水钻 ϕ150 cm 起重机吊斗砼	10 m^3	66.411	自行计算
4-11-11-15	混凝土搅拌站拌和(60 m^3/h 内)	100 m^3	—	自行计算
4-11-11-24	6 m^3 内混凝土搅运车运 1 km	100 m^3	—	自行计算
4-4-9-7	埋设钢护筒干处	1 t	9.258	
4-4-8-28	检测管	1 t	10.002	
410-1	混凝土基础(包括支撑梁、桩基、承台，但不包括桩基)			
-e	现浇 C30 混凝土承台	m^3	3220.000	
4-6-1-7	承台混凝土(起重机配吊斗无底模)	10 m^3	322.000	承台采用 C30 混凝土
4-11-11-14	混凝土搅拌站拌和(40 m^3/h 内)	100 m^3	32.844	
4-11-11-24	6 m^3 内混凝土搅运车运 1 km	100 m^3	32.844	

5. 工料机

人工(含机械工)：103.86。

汽油：7.1 元。

柴油：6.86 元。

碎石(4 cm)采用计算单价：原价为 45 元，运距 15 km，运费 0.5 元/(t · km)，装卸费单价 5 元，装卸一次。

自采及自办运输材料价格计算：片石采用清捡，平均运距 2 km，用 8 t 自卸汽车运输，用 2 m^3 装载机装车。

6. 分摊、调价

①分摊。

A. 沥青砼拌和站分摊，设沥青砼拌和站 240 t/h 内 1 座，按沥青混合料用量比例分摊至 309-1-a、309-2-a、309-3-a。

B. 拌和站建设费为 150000 元。按照混凝土用量分摊：405-1-a-1，桩直径 ϕ1.5 m；410-1-e，现浇 C30 混凝土承台。

②调价。目标报价 20000000 元，采用反调消耗的形式完成。

参考文献

[1] 公路工程建设项目概算预算编制办法(JTG 3830—2018)[S]. 北京：人民交通出版社，2019.

[2] 中华人民共和国交通运输部. 公路工程标准施工招标文件(2018 年版 · 第三册)[M]. 北京：人民交通出版社，2018.

[3] 公路工程预算定额(JTG/T 3832—2018)[S]. 北京：人民交通出版社，2019.

[4] 公路工程机械台班费用定额(JTG/T 3833—2018)[S]. 北京：人民交通出版社，2019.

[5] 艾冰，肖颜. 公路工程概预算编制[M]. 长沙：中南大学出版社，2022.

[6] 赖雄英，郭俊飞. 公路工程造价编制与应用[M]. 北京：人民交通出版社，2018.

[7] 谢中友，何银龄. 公路工程造价软件应用[M]. 北京：机械工业出版社，2018.

[8] 张国栋. 细看图纸巧做公路工程造价[M]. 北京：中国建筑工业出版社，2016.

[9] 交通运输部职业资格中心. 交通运输工程造价案例分析 · 公路篇[M]. 北京：人民交通出版社，2021.

[10] 张振平. 高职道路工程造价专业课程思政实施路径[J]. 交通企业管理，2022，37(5)：104-106.

[11] 门金瑞，李月梅. 以《工程造价管理》课程为例，浅谈课程思政改革[J]. 数码设计，2020，18：143.

图书在版编目(CIP)数据

公路工程造价软件应用 / 李南西主编. —长沙：中南大学出版社，2023.8

ISBN 978-7-5487-5477-0

Ⅰ.①公… Ⅱ.①李… Ⅲ.①道路工程—工程造价—编制—应用软件 Ⅳ.①U415.13-39

中国国家版本馆 CIP 数据核字(2023)第 147111 号

公路工程造价软件应用

主　编　李南西

副主编　程学志

主　审　肖　颜

□出 版 人　吴湘华

□策划组稿　谭　平

□责任编辑　谭　平

□责任印制　唐　曦

□出版发行　中南大学出版社

社址：长沙市麓山南路　　邮编：410083

发行科电话：0731-88876770　　传真：0731-88710482

□印　　装　湖南省汇昌印务有限公司

□开　　本　787 mm×1092 mm　1/16　□印张 10　□字数 253 千字

□互联网+图书　二维码内容　字数 54 字　视频 47 分钟 30 秒

□版　　次　2023 年 8 月第 1 版　□印次 2023 年 8 月第 1 次印刷

□书　　号　ISBN 978-7-5487-5477-0

□定　　价　36.00 元